인문과학연구총서5

현대 사회의 종교, 문화

명지대학교 인문과학연구소 편

도서출판 월인

발간사

인류가 이 세상에 문명을 발전시켜온 그 순간부터 종교와 문화는 인류와 그 맥락을 함께 해 왔습니다. 종교와 문화는 이처럼 인류문명을 발전시켜온 원동력임과 동시에 이념에 못지않게 크고 작은 분쟁의 불씨가 되기도 했습니다. 이에 명지대학교 인문과학연구소에서는 지난 2006년 11월 16일 국내외 저명한 학자들을 모시고 "현대 사회의 종교, 문화"를 주제로 학술 심포지엄을 개최하였습니다. 이 총서는 당시 국제학술대회에 발표되었던 논문들을 중심으로 펴낸 것입니다.

현대 사회는 보다 복잡다단해지고 있는 느낌이며, 현대인들은 정신적 고갈 상태에서 방황하고 있는 모습을 보이고 있습니다. 정보화의 물결은 그 편리함의 이면에 한정된 시간 내에 더 많은 일들을 처리해야 한다는 강박관념을 현대인들에게 던져주고 있습니다. 이러한 현대 사회의 현실을 감안할 때 세계 각국의 다양한 종교와 문화에 대해 고찰해 보는 것은 현대 사회에서 과학문명이 가져온 물질적 풍요로움과 함께 정신적 풍요를 모색하는 데 그 의의가 있을 것이며, 나아가 우리가 살고 있는 이 세계가 화해와 평화로 가는 새로운 지평을 여는데 일조할 수 있을 것입니다.

유사 이래 세계는 분쟁과 혼란으로 점철된 역사를 걸어왔습니다. 중동, 아프가니스탄, 동유럽, 중남미, 아시아, 아프리카 할 것 없이 세계는 사실상 거의 모든 곳에서 크고 작은 분쟁이 항시 존재해 왔다는 것을 우리는 역사와 매일의 뉴스를 통해서 피부로 느끼면서 살고 있습니다. 그리고 이러한 분쟁과 다툼의 이면에는 종교와 문화의 갈등이 차지하는 비중도 적지 않은 것으로 분석되고 있습니다.

그런가하면 종교와 문화를 달리하더라도 세계평화를 위해 노력하고 어려움에 처한 사람들을 돕는 예를 우리 주변에서 얼마든지 찾아볼 수 있습니다. 대학에서의 학문 연구와 진리 탐구가 현대 사회에서 종교, 문화의 가치를 일깨움으로써 현실 세계에 대한 참여와 사회봉사로 이어질 수 있다면 참으로 의미 있는 일이 될 것입니다. 이런 점에서 인류가 그간 일궈온 현대 사회의 종교, 문화를 되짚어보는 것은 다가올 미래 문화 창조의 바탕을 마련하고 그 향방을 가늠하는 데 도움을 받을 수 있는 좋은 기회가 될 수 있을 것입니다.

타종교, 타문화에 대해 이해한다는 것은 결국 나와 다른 종교, 나와 다른 문화를 가진 사람들을 이해하고 받아들이는 것을 말합니다. 더불어 사는 유기적 조직체인 세계 속에서 종교와 문화의 장벽을 넘어 서로에 대한 관용과 이해의 폭을 넓힐 수 있다면 세상은 보다 더 살기 좋은 곳으로 바뀔 수 있을 것입니다. 이 작은 결실이 인문과학 발전에 기여하여 후속연구에 도움이 될 수 있다면 더 없는 기쁨이 될 것입니다.

이 총서가 간행될 수 있도록 물심양면으로 도와주신 총장님을 비롯한 학교당국과 집필에 기꺼이 응해 주신 여러 교수님들께 지면을 빌어 진심으로 감사의 말씀을 드리며, 또한 총서가 아름다운 모습으로 세상에 선을 보일 수 있도록 애써 주신 도서출판 월인 관계자 여러분들께도 심심한 감사의 말씀을 드립니다.

2006년 12월
명지대학교 인문과학연구소장
이 강 정

목차

이슬람 원리주의와 테러

이종택 | 명지대학교 아랍지역학과 교수

1. 서언

이슬람은 무슬림들의 삶의 모든 영역을 규정하는 종교로서 전체성(totality)을 특징으로 한다. 또한 국가의 기능은 外部의 敵 즉, 不信者로부터 이슬람 공동체를 보호하여 무슬림들의 신앙생활을 보장하고, 통치에서 이슬람 宗法(샤리아)을 적용, 시행하는 것이다. 따라서 정치는 종교의 하부구조이다.

주류 이슬람은 본래, 문화체계로서의 성격을 가지나, 역사적으로 외세의 침략과 같은 정치·사회적 위기상황 속에서는 정치화된 이슬람(원리주의)세력이 등장하곤 했다.

世俗主義는 政治와 公共領域에서 종교를 분리시키려는 政敎分離 思想으로, 자유주의, 민족주의, 사회주의, 민주주의와 같은 서구 이데올로기이다. 예수는 기독교인들에게 시저의 것은 시저에게로, 하나님의 것은 하나님에게로 돌리라고 가르쳤고, 3세기에 걸친 투쟁과 박해 속에서 이러한 종교와 세속의 구분은 기독교 교리 안에 확고히 자리

잡았다. 그러나 이슬람에서는 이러한 두 세력의 분열 현상은 존재하지 않는다.

이슬람권 신생 독립국들은 정교일치 사상의 이슬람을 국교로 신봉하는 이슬람권에서 완전한 세속주의는 무슬림들의 저항 때문에 불가능했다. 따라서 이슬람권 세속주의는 애매한 정교분리의 세속주의이며, 학자들은 이를 무슬림 세속주의라 한다. 그래서 이슬람권 국가들의 애매한 상태의 정교분리는 정권의 정통성 시비를 끊임없이 야기하고 있으며 정치세력과 종교세력(원리주의)간 갈등을 증폭시키고 있다.

美蘇의 냉전종식은 중동지역에 평화와 안정을 가져다주지 못했고, 오히려 政教間 갈등은 전면에 부상했다. 중동에서 정치와 종교간 갈등증대, 이 지역에서 미국을 위시한 강대국들의 일방적 이익추구 등은 결국 심각한 종교테러를 초래하였다.

2. 이슬람原理主義

1) 개념과 국가모델

원리주의(Fundamentalism)라는 용어는 미국의 청교도주의(American Protestantism)의 한 부분에서 기원하는 개념이었는데, 이 용어가 주로 이슬람 세계를 다루는 많은 시사적 연구들에 편재(偏在)하게 되었다. 웹스터 사전(Webster's Ninth New Colligate Dictionary)은 원리주의를 '성경의 자구적(字句的) 해석을 기독교인의 생활과 가르침을 근본 원리로 강조하는 20세기 청교도주의의 한 운동'으로 정의하고 있다. 즉, 기독교 신앙의 원리와 근본으로 간주되는 전통적 정통교리를 엄격하게 준수하는 것을 의미한다.

이슬람 원리주의는 "이슬람 초기(622~661)의 정교일치(政敎一致)

의 무슬림 공동체(Muslim 'Ummah; Muslim Community)를 본뜬 이슬람 국가건설을 추구하는 야당성의 현대적 정치운동과 이상"이라고 정의될 수 있다. 이러한 국가모델의 필수적 요소들(宗法, 代議制 등)만 갖추어 진다면, 서로 다른 정치적 이데올로기적 입장에 따라 국가의 모델은 다양하게 나타날 수 있다. 현대국가와 사회에서 건설될 수 있는 원리주의자들의 국가모델은 정치적 이데올로기적 입장에 따라 관념체계(ideational system)의 근본원리들을 재구성하려한다는 점에서, 원리주의자들은 모두 현대적이라고 할 수 있다. 사우디아라비아의 경우, 왕은 표면상 초기 이슬람 선출모델에 따라 소수에 의해 선출된 후, 다수로부터 충성의 맹세를 받는다. 이란의 경우, 국민에 의해 대통령과 의회의원들이 선출된다. 이란헌법 6조와 7조에서 국민은 통치의 원천이며 의회는 쿠란에 나타난 "그들의 문제에서 그들과 상의하라"라는 원리에 따를 것을 명시하고 있다. 이 헌법은 "국민투표에 근거한 올바른 이슬람 통치"라는 호메이니의 이슬람 비전에 따른 것이다. 사우디, 이란의 경우에서 볼 수 있듯이, 이슬람 원리주의 정권도 이슬람 국가체계를 각각 자국의 실정에 맞게 채택하고 있음을 알 수 있다.

2) 분류

이슬람원리주의라는 용어는 이슬람 근본주의, 이슬람 정통주의, 이슬람 부흥운동, 이슬람 행동주의, 이슬람주의, 이슬람 정치운동, 이슬람 급진주의, 이슬람 과격주의, 이슬람 호전주의, 이슬람 테러리즘 등으로 혼용되어 쓰이는 경향이 있다.

현재, **이슬람 원리주의**는 세계관, 운용방식, 행위자의 특징 등에 따라 **3가지 경향**을 보이고 있다. 첫째, **이슬람 정치운동**(Islamic Political Movements) **그룹**으로 이들은 국가차원의 정치권력획득을 목표로 국민국가(nation state) 수용, 기존의 헌법적 틀 운영, 폭력혁명보다는 점진적 개혁선호(외세침략의 경우는 폭력투쟁), 보편적 민주규범 등을 수용함으로써 제도권에 편입되어 정치권력획득을 목표로 한다. 이집트, 요르단, 알제리아 등의 무슬림형제단(Muslim Brothers), 터키의 정의. 개발당(AKP), 모로코의 정의. 개발당(PJD), 파키스탄의 자미으 이슬라미(al-Jaami' al-Islaami) 등이 여기에 속한다. 둘째, **선교행동주의(Missionary Activism) 그룹**으로 이들은 정치권력 획득에 목표를 두지 않고 불신자 세력에 대항하여 무슬림 정체성 및 이슬람 신앙회복, 도덕재무장 등을 강조하는 의식화된 무슬림 집단이다. 셋째, **이슬람 무장투쟁(Islamic Militant) 그룹**으로 이 그룹은 다시 3개 세력으로 분류된다. 제1세력은 **不敬한 국내 장기독재정권에 대해 투쟁하는 그룹**(예, 이집트의 이슬람 지하드, 자마아 이슬라미이야. 알제리의 이슬람구국전선 등). 제2세력은 **외세의 점령 하에서 자국의 영토회복을 위해 투쟁하는 그룹**(팔레스타인의 하마스, 레바논의 히즈불라 등). 제3세력은 **미국을 위시한 서구의 이슬람지역 패권에 대항해서 무장투쟁을 전개하는 글로벌 테러그룹**이다. 오사마 빈 라덴의 알까이다, 이라크의 外人抵抗組織 등이 이에 속한다. 여기서는 편의상 제3세력을 이슬람원리주의자 테러단체로 표현하고자 한다.

3) 성장원인

가) **아랍 정체성 위기**-아랍인들은 이슬람의 찬란했던 영광, 서구 십자군 원정에서의 패배, 터키족의 지배, 서구제국주의 세력들의 지배 등의 역사를 통해서, 先進 西歐에 대해 느끼는 박탈감과 열등감을 갖고 있고, 이들은 1900년대 중반, 등장한 아랍 세속민족주의 정권들의 정치, 경제 등 사회전반에 관한 실패, 서구제국주의에 의해 여러 국가로 나눠진 아랍국들의 통합실패, 아랍-이스라엘 전쟁에서의 아랍의 완패 등 정권들의 총체적 실패에 대한 좌절과 절망의 탈출구로서 과

거영광회복을 위한 이슬람국가건설 宣傳을 쉽게 수용할 수 있었다.

나) **서구문화 침식에 대한 반작용**-무슬림들은 서구문화의 타락과 부도덕성이 이슬람 문화의 가치를 오염시키고 있으므로 이를 방지해야 한다고 믿는다. 특히 미국 주도의 世界化에 심각한 위기의식과 저항감을 나타낸다. 이들은 근대화(modernization)를 수용하나 서구화(westernization)를 적극 거부한다.

다) **통치엘리트의 정통성 손상**-원리주의가 흥하는 대부분의 이슬람권 국가들은 일당독재 내지는 장기 독재정치체제를 유지하면서 야당의 성장을 탄압해 왔다. 또한 독재정권들은 국민들의 삶의 질 개선욕구를 충족시키지 못하고, 반정부 세력에 대한 인권유린, 고문 등을 자행하면서 정권안보에 주류이슬람을 이용하여 정권의 정통성을 꾀하려 한다.

라) **아랍사회주의의 실패**-아랍사회주의 경제의 농공정책실패, 인구급성장과 도시집중으로 인한 절대 다수의 빈민층 형성, 고학력자들의 대량실업 등은 민중들의 불만층을 크게 증대시켰고, 절망에 빠져있는 이들에게 급진적 변혁을 추구하는 유토피아적 과격 이슬람원리주의 사상이 쉽게 침투할 수 있었다.

마) **'79년 이란의 이슬람혁명 성공**이 원리주의자들에게 큰 용기와 희망을 주었고, 원리주의 엘리트들은 주류이슬람과 그 주변의 울라마(종교지도자들)를 비난하면서 스스로를 진정한 종교지도자로 자처하고 이슬람교리, 특히 지하드(聖戰)를 임의로 해석하면서 그들의 폭력을 정당화시켜 왔다.

바) **원리주의세력 확보경쟁**-사우디와 이란, 두 산유부국이 막대한 자금 살포를 통해 양국간 원리주의 세력 확보 경쟁을 20여 년간 벌여왔으며, 이슬람권의 교회자선기금의 상당액이 원리주의자들에게 흘러들고 있다. 1980년대, 미국, 사우디, 파키스탄은 소련에 대항하는 아프간 반군과 여기에 자원한 2만 여명의 아랍 원리주의자들에게 10년

간 400억 달러를 지원하여 이들을 강력한 투사로 만들었고 소련 붕괴 후, 내팽개쳐진 이들이 본국으로 귀환해 반미, 반정부 투쟁조직을 확대하고 조직간 국제간 연대를 형성해 오고 있다. 특히, 인터넷 망을 이용한 국제간 연대와 정보교환으로 원리주의 세력이 급속히 증가하고 있다.

사) **서구의 이슬람 국가 점령**-미국의 중동정책은 이스라엘의 안보유지(中東에서 絶對 强者 維持), 중동석유의 안정적 공급(세계 석유의 70% 공급)이라는 상호 모순되는 두 가지 목표를 갖고 전개되고 있다. 미국은 아랍-이스라엘에 분쟁에서는 아랍의 적국인 이스라엘 편을 들고, 아랍에서는 값싼 석유를 가져다 쓰겠다는 모순된 정책을 전개함으로서 아랍민족의 분노를 사 왔다.

미국은 이스라엘 편애정책으로 공정한 분쟁조정자 역을 행하지 못했고, 이로 인해 수백만 팔레스타인 민족들이 절망 속에서 50년간 고난과 불행을 겪고 있으며, 또한, 미국은 걸프지역 석유수송로 확보를 위해 이라크를 10년간 봉쇄하여 수만 명의 어린이를 포함한 백 수십만을 숨지게 했으며, 2003년 봄, 결국 이라크를 점령함으로써 16만 명의 이라크 인들을 숨지게 했다. 또한, 미국은 미 국익만을 위해 이슬람 원리주의 세력을 '악마 화'하면서 중동지역의 장기독재정권들의 인권탄압, 반정부세력들에 대한 고문 등을 방관하며 독재정권들을 지지, 비호한다는 것이다.

3. 테러

주류 이슬람은 지하드(聖戰, 무장투쟁, 테러)의 종교적 의무를 제한하고 있다. 모든 불신자들이 투쟁이나 살인의 대상은 아니다. 이슬람은 세계를 '이슬람(평화) 지대'와 '전쟁(불신자) 지대'로 나누고 전쟁지대를 이슬람지대로 변화시키기 위한 부단한 노력, 기도와 회개를 통해 죄를 짓지 않으려는 내면의 부단한 노력을 지하드(聖戰)라 한다. 이슬람에서 유대교와 기독교들은 '經典의 百姓'으로서 불신자로 간주되지 않아 세금납부를 대가로 이슬람 지역에서 그들의 신앙과 자치권을 누리며 무슬림들과 共存할 수 있다. 주류 이슬람은 전쟁 시에도 노약자나 아녀자들을 살인의 대상에서 제외한다. 또한 독무기, 독극물의 사용을 금함으로써 대량살상무기의 사용 역시 금기사항으로 간주된다. 또한, 지하드는 개인의 의무가 아닌 집단의 의무이다. 단지 불신자들이 이슬람의 영토를 침략했을 경우에 개인의 지하드는 허용된다.

한편, 이슬람 원리주의자들은 이슬람과 이슬람 권(팔레스타인, 레바논, 아프간, 체첸 등)이 서구 불신자들에 의해 공격 받고 있음으로 이에 대한 방어로 집단적 혹은 개인적 지하드가 수행되어야 된다고 주장한다. 여러 원리주의 지도자들의 설교에서 공통적으로 반복되고 있는 논리는 '알라(Allah)의 편'이 아니면 모두 '사탄의 편'이라는 것이며 그들은 테러의 대상과 방법을 다음과 같이 정하고 있다.

첫째, 서구는 이슬람의 적이므로 미국과 그의 동맹국들, 그리고 이에 협력하는 자들은 무슬림들이라 할지라도 모두 타도의 대상이 된다. 서구의 현대 십자군들, 유대인들, 무슬림 국가들의 독재자들, 이들 모두는 이슬람을 위협하는 적들로 간주된다. 특히, 기독교도와 유대인, 그리고 서구 민주주의 신봉자는 알라(Allah)의 敵이다.

둘째, 이슬람은 서구와 맞서 투쟁해야 한다. 지하드는 유대인과 서구 십자군에 대항해서 수행되어야 하며, 이들은 이들에 의해 죽은 무슬림 희생자들과 同數로 살해되어야 한다.

셋째, 서구 전체는 무슬림들의 손에 의해 멸망되어야 한다. 그리고 무슬림들은 대량살상 무기(WMD)를 통해 서구를 멸망시킬 것이다.

4. 맺는말-테러의 해결책

중동의 종교테러에 대한 최선의 해결책은 테러의 원인들이 되고 있는 상황들을 개선하는 것이다. 이슬람 원리주의자 테러의 최고 자산은 폭력 외에 대안이 없다는 분노와 절망이다.

아랍정권들은 민주화와 건전한 NGO 육성, 온건원리주의 정당들의 정치활동 보장을 통한 제도권 흡수, 경제자유화를 통한 실업문제 해결노력, 철저한 테러세력 제거에 힘써야 할 것이다.

미국은 아랍-이스라엘 분쟁의 조속하고 공정한 해결을 위한 노력을 경주하는 한편, 미군의 이라크 철수, 낙후된 중동지역 경제발전을 위한 지원과 동시에 민주주의와 인권신장 노력을 위해 힘써야 할 것이다.

위와 같은 상황개선 없이, 미국의 테러와의 전쟁, 테러 지원국에 대한 보복정책은 효과를 거두지 못할 것이며 무슬림들의 反美感情만 더욱 악화시킬 뿐이다. 과거의 월남이나 현재의 이라크에서 볼 수 있듯이, 민주주의 군대는 게릴라 戰에서 결코 승리할 수 없다. 원리주의 테러세력들에 의한 아랍정권의 붕괴와 그들의 집권은 아랍을 무정부 상태로 만들면서 석유위기, 세계경제위기 그리고 미국의 중동에서의 고립을 심화시킬 것이다.

요약하면 테러와의 전쟁승리를 위한 첫 단계는 아랍-이스라엘 평화정착, 미군의 이라크 철수, 아랍장기독재정권교체를 위한 점진적 정치민주화 단행방안 등이다.

수단의 이슬람과 이슬람 운동에 관한 연구

유왕종 | 성결대학교 교양학부 외래강사

1. 서론

아프리카에서 가장 넓은 면적을 가진 수단은 국토의 25%는 사람이 살지 않는 사막지역이며, 30%는 베두인(유목민)이 살고 있는 지역은 건조 지대이고, 나머지 지역에서는 농경민 등 정착인구가 분산되어 있다. 수단 북부에는 아랍어를 사용하는 이슬람계의 함족과 셈족이 살고, 수단 남부에는 흑인계열의 기독교인과 전통 신앙, 독특한 언어를 가진 다양한 인종과 부족이 살고 있어 남북간에 뚜렷한 정치·경제·사회·문화적 차이가 존재한다.

수단의 역사는 이집트 및 에티오피아와 밀접하게 연관되어 있다. 수단은 기원전 8세기 전반에는 누비아를 중심으로 강력한 노예국가를 형성하여 1~3세기에는 전성기를 누렸으나, 3세기에 에티오피아 유목민의 침략으로 멸망하였다. 기원전 3,000년경에는 이집트의 파라오가 수단의 북부 지역인 누비아를 침략했다. 6세기에는 기독교가 유입되었으나 7세기 중반에 아랍인들의 이민이 시작된 후 이슬람교와 아랍어가 중심 문화를 형성하고 있다.

서기 1,500년경 수단 서쪽 다르푸르(Darfur) 지방에서 수단 중·남부 센나르(Sennar)지역과 소바(Soba) 왕국을 병합해 세력을 확장한 푼즈(Funj)왕조는 마그레브에서 발생한 말리키 법학파 이슬람을 채택하여 현재 이 파가 주류를 이루고 있다.

1870년대 이후, 수단은 이집트의 지배 하에 있었다. 그러나 이집트가 영국의 통치하에 놓이게 되자 1899년 영국·이집트 양국의 공동통치가 수립되어, 앵글로·이집트 수단이 되었다. 이집트 혁명 후인 1953년에 이집트는 수단의 자결권을 인정했다. 수단은 미국의 지원으로 우익 노선을 추구해 오다 이집트와 영국의 협정을 통해 1956년 수단공화국으로 독립했다.

현재 수단의 남부와 북부 지역은 정치적·문화적으로 갈등관계를 유지하고 있다. 이는 이슬람교를 믿는 북부 지역과 기독교를 믿는 남부 지역의 종교적 차이와 과거에 흑인들을 외국에 노예로 팔았던 이슬람교도들에 대한 남부 흑인들의 역사적 앙금, 수단을 지배했던 영국의 분할 통치 정책, 1979년 이란 혁명 이후 이슬람주의자의 부상 등에 원인을 두고 있다. 더욱이 1983년 북부의 수단 정부가 기독교 교도가 많은 남부 지역에 샤리아(이슬람법)를 강요함으로써 재발된 갈등과 분쟁이 계속되었다.

이슬람주의 세력의 동향은 1989년 쿠데타 배후세력인 민족이슬람전선(The National Islamic Front, NIF)이 군, 행정부, 법원 등에 자파세력을 확대해 정통 이슬람 국가를 건설하는 것을 목표로 하고 있다. NIF는 그들이 추진하는 정책에 반대하는 구정치인, 언론인, 지식인 등 반대파를 탄압하여 국내적으로 권력 안정을 꾀하고 있다. 그러나 대외적으로 이집트, 알제리, 튀니지, 에리트레아 같은 인근 국가들은 수단이 이슬람주의 세력을 수단 국내에서 훈련시킨 후 자국 내에 잠입시켜 정부 전복을 기도하고 있다고 비난하고 있으며, 수단정부는 이를 강력하게 부인하고 있다.

수단에서 NIF의 성공은 순니 이슬람 세계에서 현대 이슬람주의 운동의 돌파구로 간주되었다. 군부와 이슬람 세력의 합작에 의한 정권 창출은 순니 이슬람 운동의 잠재력을 의미한다. 수단의 이슬람 운동의 집권은 실제 이슬람주의 모델을 제시해 줌으로써, 중동 · 이슬람 지역의 여러 국가들에게 관심의 대상이 되었다.

수단의 이슬람 운동이 주장하는 이념과 철학은 이슬람과 이슬람법에 근거한 생활 방식의 실현, 다시 말해 이슬람 국가의 실현에 있다. 이슬람 운동의 최종 목표는 이슬람 국가와 이슬람법을 강화시킨 국가의 수립이었다. 수단의 이슬람주의 세력은 국내적으로 장기적인 정권 유지를 목표로 국민을 통제하고 감시하는 조치를 강화하고 있으며 대외적으로는 이슬람의 단합과 화합을 호소하고 있으나 수단의 대서방 고립과 경제적 어려움 등으로 동조세력을 규합하는데 있어 큰 힘을 발휘하지 못하고 있다.

수단은 이슬람 슈라(Sura: 협의체)원칙에 따라, 국민의사 결정에 국민이 직접 참여하는 직접 민주정치 형식으로 각종 국민 회의를 개최하고 있으며 여기에서 채택된 건의 사항을 정부정책으로 시행하고 있다. 특히 1991년 1월 남부 3개 주를 제외한 전국이 샤리아를 채택하여 이슬람 국가 건설을 추진하고 있어서, 민사와 형사 모두 이슬람법을 적용하고 있다.

수단의 이슬람 운동은 세 번의 이념 조정과정을 거쳤다. 그 첫 번째 조정은 1960년대 정부가 종교단체를 정치단체로 변환시켰을 때 발생하였다. 두 번째는 1970년대와 1980년대 소규모 정치집단에서 대규모 대중운동으로 변환하였을 때 발생하였으며, 세 번째는 1989년 군사 쿠데타가 발생되어 정권을 장악한 직후 이루어졌다.

본 연구 목적은 수단의 종교의 특성과 종교정책 및 일반 대중 사이에서 일고 있는 이슬람운동에 대해 심층적인 분석을 통하여 수단 이슬람 종교운동의 대한 이해를 넓히는데 있다. 따라서 본 연구는 먼저 수단의 종교현황과 종교정책을 다루고, 수단의 일반 대중 사이에서 일고 있는 이슬람 운동에 대해 분석한다. 그리고 이 종교운동이 국가의 정책 혹은 다른 집단이나 세력과 어떠한 갈등을 일으키고 있는가를 살펴본다.

Ⅱ. 수단의 이슬람 현황

수단은 이슬람교도가 인구의 75% 이상을 차지하고 있는 무슬림 국가이다.[1] 그리고 1989년 이래로 수단에서 권력을 쥐고 있는 정부는 이슬람 적 가치위에서의 통치를 기초로 하고 있다. 마이클 필드(Michael Field)의 "아랍세계의 내부(Inside the Arab World)"에서는 1989년 후의 수단은 이슬람 국가들 사이에서도 "현대적 체제, 공화당, 이슬람적 이상에 놓여 있는 유일한 국가였다"고 이야기한다.[2] 수단은 신정국가, 이슬람주의 국가로 알려져 있지만, 수단의 이슬람은 사우디아라비아와 이란의 이슬람 모델과는 매우 다르다.

오마르 알 바쉬르(Omer al-Bashir)가 집권해 있는 현 이슬람 정부는 1983년 니메이리(Nimeiri) 대통령이 도입한 기존의 이슬람 모델을 싸디끄 알 마흐디(Sadiq al-Mahdi)수상 이래로 계속 이어왔고, 상당히 개혁되어 왔다. 현 정부가 도입한 1998년 헌법은 정치권력은 결코 개인이나 가족, 집단의 신권이 될 수 없고 종교는 국민들 사이를 구별짓는 수단으로 사용될 수 없다고 강조한다. 그것은 공식기록

---

1) *Annual Report on International Religious Freedom for 1999: Sudan,* U. S. Department of State, Washington D. C., 9 September 1999.

2) Michael Field, *Inside the Arab World,* Cambridge: Harvard University Press, 1994, p.257.

에 올라와 있는 사실이다. 예를 들어 수단 남부에서는 이슬람이 소수 신앙이기 때문에 현 정부는 샤리아로부터 남부 수단을 제외시켰다. 샤리아는 오직 수단 북부에서만 적용될 수 있다. 현재, 종교적이든 아니든 자신들이 통치하기 원하는 대로 법의 종류를 선택하는 것이 수단 내에 있는 각 주 의회의 권리이다. 따라서 이론적으로 북부가 샤리아를 벗어나는 것이 가능하고, 남부가 샤리아를 채택하는 것이 가능하다. 그러나 다른 무슬림 사회와 마찬가지로 이슬람법이 이끄는 사회에서 살기 위한 수단 내 대다수의 바람은 명확하게 나타날 것이다. 북부 수단의 움마당(the Umma Party), 민주연합당(the Democratic Unionist Party), 국민의회(the National Congress)의 세 다수 정당 모두가 정책에 있어 근본적으로는 이슬람 정당이다.

영국의 식민 당국은 이슬람이 수단 사회에서 절대 필요한 부분임을 매우 일찍 깨닫고, 입법권과 법률 분야에서 수단을 이슬람체계로 구성한 첫 번째 식민정부였다. 1902년에 이슬람 재판소 법령은 항소법원, 고등법원, 일반법원에 대비하여 공표되었다. 그리고 이러한 사실은 공동통치 내내 사실상 변하지 않은 채로 법전에 남아 있었다. 샤리아 법관 양성학교는 카르툼에 있는 고돈 대학(Gordon College)에서 시작되었다.[3] 수단인 학자 압델와합 알-아펜디(Abdelwahab al-Affendi)는 영국 정책의 영향에 대해 언급했다.

> 수단에서 초기 이슬람 부활의 움직임이 울라마와 이슬람 교육의 확대에 대해 호의적이었던 영국 식민정책에 의해 이루어졌다는 것은 아이러니하다. 이슬람 부활에 대한 초기 소문 배후의 주 원동력은 영국의 정책, 즉 가능성 있는 법관들에게 개혁주의 노선을 따라 종교적인

---

3) Law in the Sudan Under the Anglo-Sudan Condominium in The Condominium Remembered, Volume 1: The Making of the Sudanese State, p.45.

과목을 가르쳤던 고돈 메모리얼 대학(Gordon Memorial College)의 샤리아 클래스의 성과였다. 이것은 수단 도처에 이슬람 행동주의자들의 새로운 세대를 만들어낸 폭발적인 방식이었다.4)

수단의 1998년 헌법은 수단 법률의 근원이 국민 투표를 통해 나온 국가의 합의뿐만 아니라 이슬람법과 관습법에서 파생되었다고 이야기한다. 수단에서 종교의 자유에 관한 공식적인 입장은 분명하다. 수단 공화국의 1998년 헌법 24조에서는 "모든 사람은 양심과 종교의 자유에 대한 권리와 관습이나 규율을 가르치는데 있어 종교나 신념을 표명할 수 있는 권리를 가지며 어느 누구도 믿지 않는 신앙을 고백할 것을 강요받거나 그가 자발적으로 받아들이지 않는 종교의식이나 예배를 수행할 것을 강요받지 않는다"라고 명시하고 있으며, 90조에서는 "공화국의 대통령은 종교의 자유에 영향을 미치는 법령을 공포 할 수 없다"라고 규정한다. 이는 이슬람을 "국가의 공식 종교(the official religion of the state)"로 선포한 1958년 헌법과 "수단 민주공화국의 종교는 이슬람이다(In the democratic republic of the Sudan the religion is Islam)"라고 명시한 1973년 헌법과 차이를 보인다. 1998년 헌법은 국교를 상세히 말하지 않는 것 이외에도, 권리를 침해하거나 수익을 획득하는데 종교를 이용하는 것을 막기 위한 종교가 아닌 시민권에 따라 권리를 부여하고 있다. 선택된 정권을 위한 어떠한 종교적 기준들도 없다. 이전 헌법이 "이슬람은 수단 인들의 압도적인 다수를 지배하는 종교"라고 단언하는 반면에 1998년 헌법은 "계시종교, 이를테면 기독교나 전통적인 종교는 신앙에 관한 강압 없이, 종교적 의식에 대해 제약 없이 어느 누구에게나 자신에 의해 자유롭게 종교를 선택할 수 있으며 이러한 원칙들은 국가와 법에 의해 준수된다"

4) Abdelwahab al-Affendi, *Turabi's Revolution: Islam and Power in Sudan,* London: Grey Seal, 1991, pp.42~43.

라고 되어 있다.5) 북부 수단에서 금요일은 무슬림들의 예배일이다. 또한 일요일에는 두 시간의 예배가 부여된 기독교인들에게도 쉬는 날이다. 남부 수단에서는 일요일이 예배의 날이다.

수단에서 이슬람의 자유주의 모형은 존경받는 시사해설자인 미국의 베테랑 저널리스트 밀턴 바이어스트(Milton Viorst)에 의해 역시 주목받아 왔다. 25년 동안의 중동을 다뤘던 ≪뉴요커(New Yorker)≫의 칼럼니스트인 바이어스트는 “모래성: 현대 세계의 아랍을 찾아서(Sandcastles: The Arabs in Search of the Modern World)”의 저자이다. 바이어스트는 “수단은 정부의 제도로서 이슬람을 공식적으로 채택한 우리 세대에 유일한 국가”라고 말했다. 그는 또한 수단 이슬람 모델에 있어 중추적인 인물이자 수단정치가인 하산 투라비(Hasan Turabi)가 윤곽을 그렸던 수단의 모델을 다른 지역의 것들과 비교했다.

> 다른 아랍 사회의 기준에 의하면, 투라비의 이슬람의 개념은 개방적이고 관대하다. 소수는 비록 그가 서구 자유주의를 모방할 이유가 없다고 볼지라도 “우리는 이슬람의 매우 엄격한 형태를 옹호하지 않는다”라고 한 그의 주장 일부를 반박할 것이다. 수단 방문 시에는 사우디아라비아는 말할 것도 없고, 이집트에서 보다 이슬람이 덜 엄격하게 준수되는 징후들이 많이 보였다. 이집트에서 여자들이 쓰는 머리덮개인 히잡(hijab)이 거의 보이지 않고, 하물며 사우디 베일은 말할 것도 없다. 수단 인의 대부분은 이슬람 역사의 흐름 속에서 수단의 특별한 경험과 조화된 온화하고 엄격하지 않은 이슬람에 관한 투라비의 선호를 반영하고 있다.6)

---

5) *Principles, Regulations and Constitutional Developments for 1993*, Khartoum: Government of Sudan, 16 October 1993.

6) Milton Viorst, “Sudan's Islamic Experiment: Fundamentalism in Power”,

바이어스트는 국가 원수인 오마르 바쉬르와 인터뷰했다. 바쉬르 대통령은 수단 이슬람 모델에 관해 다음과 같이 말했다.

> 모든 집단들이 우리가 샤리아를 해석하고 있는 방법에 대해 동의하지는 않는다. 그러나 우리는 허용범위가 넓게 있다고 믿는다. 우리는 꾸란과 같은 온건한 길을 선택했다. 그래서 수단에서의 샤리아는 온건할 것이다. 그것이 요구하는 것을 넘어 논쟁은 사적인 영역에 있는 것이 아니라 공적인 일에 있다. 불행하게도 이슬람 정부에 관한 역사적 모델은 없다. 예언자 무함마드 이래로 지나온 14세기, 그리고 모든 사람들은 현재 이슬람 국가에 대해 그의 이미지를 가지고 있다. 몇몇 국가들은 종교와 전통–여성의 억압과 같은–을 혼동한다. 그러나 전통은 이슬람이 아니다.7)

바이어스트와 그의 인터뷰에서, 투라비는 이슬람 정부와 사회에 관한 그의 생각을 설명했다.

> 이슬람 정부가 의미하는 것은 무엇인가?… 그 모델은 매우 분명하다. 정부의 범위는 제한된다. 법은 사회 통제의 유일한 힘이 아니다. 도덕적 규범, 개인의식, 이러한 모든 것은 매우 중요하다. 그리고 그것들은 자율적이다. 이슬람을 향한 지적인 태도들은 조금도 통제되거나 성문화되지 않을 것이다. 사람들은 자유로운 듯 하다. 종교적 자유는 단지 비무슬림이 아닌, 다른 관점을 가지고 있는 무슬림들에게도 보장될 것이다. 나는 개인적으로 여성의 지위, 비무슬림의 법정 진술, 배교(背敎)법에 관해 정통 법학파들에 충돌하는 견해를 가지고 있다. 몇몇 사람들은 내가 서구에서 영향 받아왔다고 말하며, 나는 스스로가 배교

Foreign Affairs, Volume 74, Number 3, 1995, pp.46~47.

7) Ibid. pp.52~53.

> 에 가깝다고 말한다.… 나는 살만 루쉬드(Salman Rushdie)의 비난을 받아들이지 않는다. 만약 무슬림이 아침에 일어나서 더 이상 이슬람을 믿지 않는다고 말한다면 그것은 그의 사정이다. 이슬람에 관한 어떤 의견을 표현하는 사람들의 자유를 억제하는 어떠한 이의도 결코 없다. 정부의 기능은 절대적이지 않다.[8)]

존경받는 아프리카 분석가이자 시사해설자인 콜린 레굼(Colin Legum)은 투라비와 이슬람주의자들 사이에서의 몇몇 차이를 밝혀 왔다.

> 투라비의 정책은 많은 중요한 문제에 있어 다른 이슬람주의자 조직들과 조화되지 않는다. 예를 들면, 그는 이집트와 그 밖의 다른 곳에서 다른 당파(무슬림 형제단)와의 갈등을 초래했던 범이슬람 운동(Pan-Islamic movement)에 대해 강력히 반대한다. 그는, 수단은 그것에 배타주의자 접근을 요구하는 자국만의 문제를 가지고 있다고 주장했다.
>
> 엄격한 이슬람 전통주의자들과 투라비의 근본적 단절 중 하나는 무슬림 사회 내 여성의 지위에 관한 것이다. 여성의 해방을 선언한 지지자로서, 그는 무슬림 형제단에서 여성의 동등권과 완전한 일원으로의 권리를 주장했고, 그렇게 하는 것이야말로 최상의 이슬람 운동이라고 주장했다.[9)]

팀 니브록(Tim Niblock) 교수는 이슬람과 수단에 관한 주요한 영국 권위자들 중 한명이다. 그는 수단의 모델과 주류 이슬람주의자들의 사상에 차이가 있다고 지적했다. 첫 번째는 수단 이슬람주의자들의 '수단을 위한 적합한 정치체제의 형태로서 자유민주주의의 명백한 승인'이다. 자유민주주의에 대한 NIF의 지지는 이슬람주의자 운동이

---

8) Ibid. p.53.
9) Colin Legum, "Struggle Over Sharia", *New African,* March 1992, p.33.

통상적으로 슈라의 요구를 위한 것이라는 압박감에서 벗어났다는 것이다. 두 번째, 여성에 관한 수단의 모델은 대부분의 이슬람주의자들이 제안했던 계획들과는 실질적으로 다르다. 강조할 부분은 여성이 가족 내에서 그들의 원초적인 의무에 놓여있는 것보다 차라리 '사회억압으로부터의 탈피' 하고 '새로운 사회 건설에 전적인 역할을 맡는 것'이 낫다는 것이다.[10] 이슬람 내에 이 특별한 자유민주주의 학파는 또한 다른 외부 관찰자에게 주목을 받았다. 미국 정부의 출판물 "수단: 국가연구(Sudan: A Country Study)"는 수단에서의 이슬람 운동이 '다른 아랍 국가들 에서처럼 결코 투쟁적이지 않다'는 것을 거리낌 없이 인정했다.[11] 정부의 이슬람 모델에 호감이 없는 것으로 알려진 ≪뉴욕 타임스(The New York Times)≫조차 1996년 투라비에 대해 다음과 같이 언급했다. "그는 사우디아라비아보다 훨씬 덜 보수적이고 이란보다 덜 전투적인, 정치적 이슬람에 대한 관대한 해석을 이야기한다."[12]

또한 수단의 모델이 이슬람에 대해 온건한 해석으로 공격받고 있다는 것은 의심할 여지가 없다. 예컨대 1994년 2월, 무장과격세력이 수단의 옴두르만(Omdurman)에 있는 알-트와라(al-Thwarah)사원을 공격해 19명을 죽이고 20명의 부상자를 냈다. 잡지 ≪새로운 아프리카(New Africa)≫는 이 사건에 연루된 무슬림 극단주의자들이 자신들은 오마르 알 바쉬르 정부가 충분히 이슬람주의자라고 생각하지 않는다는 것을 내비쳤다고 보고했다.[13] 아랍어 신문인 런던의 ≪알

10) Tim Niblock, "Islamist Movements and Sudan's Political Coherence", in Herve Bleuchot, Christian Delmet and Derek Hopwood(editors), *Sudan: History, Identity, Ideologies,* Reading: Ithaca Press, 1991, p.265.
11) Harold D. Nelson(Editor), *Sudan: A Country Study,* The American University and Department of the Army, Washington D. C., 1982.
12) New York Times Service, republished in *International Herald Tribune,* 26 December 1996.
13) *New African,* December, 1994, p.14.

샤르끄 알 아우사트(Al-Sharq al-Awsat)≫는 카르툼 권력, 즉 정부가 이슬람 극단주의자자들에게 받았던 위협에 관해 말했다. “현재 지구상 어떤 무슬림 국가의 정치적 활동 조건과 요구와도 양립할 수 없는 그들의 강경 노선이 어떠한 종교해석의 이탈도 견딜 수 없는 무리들에게 위협받고 있는 것을 감지하고 있다. 카르툼은 그들을 ‘종교적 광신자’로 묘사하고 있다. 분명히 수단에서 일어났던 이슬람사원(mosque) 안에서의 살육행위는 광신적이다. 그 신문은 “수단의 정부와 국민들은 극단주의자 조직을 두려워하는 다른 국가들과 같은 도랑에 빠져 있다”라고 결론지었다.14)

수단인구의 상당한 부분은 전통적인 아프리카 신앙과 기독교를 따른다. 아마도 인구의 1/5을 구성하는 수단의 정령 숭배자(animist)들은 남부 수단 사회에 많이 있다. 수단에서 뿌리가 깊은 기독교는 다소 옛날로 돌아가고 있다. 여러 교파가 있는 국가 북쪽과 남쪽에 활발한 기독교인 공동체가 있다. 기독교인들은 국가 인구의 4%를 구성하며 남쪽 인구에서는 10~15%를 차지하고 있다. 수단 곳곳에 수백개의 교회와 교회학교, 기독교센터들이 있다. 또한 수단 기독교인들은 사회에서 그들의 신자 수와는 어울리지 않게 정치적이고 사회적인 생활의 전면적이고 능동적인 부분을 맡고 있다. 부통령인 남부 수단의 저명한 기독교인 학자 모세 마차르(Moses Machar) 교수를 비롯해, 기독교인들은 연방 정부와 주 정부 장관, 주지사, 대사, 재판관, 경찰관의 역할을 맡고 있다. 그리고 기독교인들 수십 명이 국회의원으로서 활동하고 있다. 수단의 비무슬림 남부 인들의 관심을 일으킨 카르툼 노력의 중요한 예는 1991년 남부수단 비 무슬림들을 샤리아

14) Al-Sharq al-Awsat, London, 8 February 1994; See, also, a typical fundamentalist critique of Sudan's Islamic model, “Sudan: When a State is Not an Islamic State?”, Khilafah, at http://www.Khilafah.org/graphics/pseudo/countries/issudan.html

로부터 면제했다는 것이다.

수단과 수단 인들의 경험을 잘못 전한 그 시도들은 국가내의 실제 상황을 반영하지 못한 것이 분명하다. 신권정치와 수단인 경험 사이에 그 모든 차이가 있다. 신권정치는 성스러운 근거에서 권력을 획득할 것을 주장하면서 무과실성을 주장할 것이다. 이것은 단순히 국민들에게서 권력과 위임을 얻으려는 현대 국가의 실제와 모순된다. 수단에서 종교는 도덕적 길잡이의 근원이고 어떤 특정한 신앙 집단이나 개인의 특별한 이익을 위해 이용될 수 없다. 수단 정부는 국민들에게서 종교적 충성이 아닌 권력을 얻은 것처럼 보일 것이다.

Ⅲ. 수단의 이슬람 정책

수단은 1956년에 공화국이 되었고, 일당제가 되었던 1971년까지 군정과 민정이 번갈아 일어났다.[15] 1989년에 오마르 하산 알 바쉬르 장군은 수단의 민주적으로 선임된 정부의 군 타도를 성공적으로 이끌었고 혁명 위원회(the Revolutionary Command Council, RCC)가 권력을 잡았다.[16] RCC는 모든 정당과 노조를 금지하고 출판의 자유를 철폐했으며 결국 바쉬르를 대통령으로 임명했다.[17] 그러나 다른 현대 이슬람 국가들과는 달리, 실질적 권력은 국가 원수가 아닌, NIF라는 이슬람 중심 권력에 있었다. NIF는 수단의 이슬람화를 목표로,

---

15) John S. Pobee, “Africa's Search For Religious Human Rights Through Returning To Wells of Living Water”, *Speech before the World Council of Churches,* October 8, 1994.

16) U. S. Department of State, *Country Reports on Human Rights Practices for 1994,* Washington, D. C.,: United States Government Printing Office: 1994, p.244.

17) Ibid. p.244.

영국 옥스퍼드대학에서 교육을 받은 이슬람 극단주의 지지자 하산 알 투라비에 의해 이끌었다.[18] 남부의 반란 조직들은 완전히 통합되지 않았지만, 거의 수단 인민해방군(the Sudanese People's Liberation Army, SPLA)과 남부수단독립운동(the South Sudan Independence Movement, SSIM)으로 대표된다. SPLA, SSIM과 수단 정부사이의 되풀이되는 내전과 심각한 인권 탄압은 비난을 받아 왔다.[19] 게다가 수단의 호전적인 이슬람 그룹에는 수단인민군(the Sudanese People's Armed Forces: SPAF)뿐만 아니라 민중방위대(the Popular Defense Forces: PDF)라 불리는 이슬람 민병대와 민중경찰이라 불리는 이슬람경찰대(the Islamic Police Force: IPF)가 있다.[20] 인민 경찰대는 명확히 성문화된 이슬람 종교법에 따라 적합한 사회적 행동과 의복 규정들을 강요하고, 현재 수단 사람들에게 국가의 세속법, 종교법으로 이를 적용하고 있다.[21]

아프리카에서 가장 큰 국가인 수단의 인종과 민족적 긴장은 국가의 가난한 경제 상황과 위생 상태를 악화시켰다. 아랍 주민들은 권력지인 북쪽에 의해 지배되고 통제된다. 북부에서는 아랍인이 우세하기 때문에 북부에서 이슬람은 두드러지게 정착되었고, 남부에서는 정부의 통제지역이 확장되고 있다. 그러나 비록 이슬람이 다수 종교일지라도, 최근 통계들은 기독교인임을 공언하는 수단 인들의 인구(현재 20%) 증가를 지적하고 있다.[22]

남부 흑인 아프리카계 수단 인들 중에는 북부아랍인들로부터의 이슬람 문화적·사회적·정치적 영향에 반대하는 여러 기독교인들과

---

18) "Battle-Weary Christians Maintain Resistance", *News Network International Special Report,* April 21, 1995, p.2.

19) U. S. Department of State, op. cit., 1994, p.245.

20) Ibid. p.245.

21) Ibid. p.245.

22) Battle-Weary Christians Maintain Resistance, op. cit., 1995, p.4.

부족의 토착종교를 믿는 주민들이 있다. 수단은 20년 이상 북부와 남부 사이의 인종·민족·종교의 차이 때문에 내전을 겪어 왔다. 아랍인들이 지배했던 북쪽의 이슬람 장려 정부는 흑인들과 남부 비무슬림들의 무장 저항 운동에 직면해 왔다. 그리고 거대한 폭력, 이동, 불안이 전쟁으로 파괴된 남부수단에 지속되었다. 왜냐하면 수단은 "이슬람이 지배력을 갖고 있는 다종교 국가이지만 큰 소수 집단이 이슬람법의 보편적 적용을 묵인하지는 않을 것"이기 때문이다.[23] 그리고 민족과 종교의 다양성은 수단 내 이슬람의 지위에 맞서, 내전 형태의 저항을 확실히 했다. 수단은 현재 세계에서 '인간의 고통지수'가 가장 높은 다섯 곳 중 한곳으로 분류된다.[24] 남부에서 전쟁과 기근의 결합은 수단 인들의 국가로부터의 끊임없는 이주를 초래했다. 북부 아랍인들과 남부 흑인들 사이의 고통스러운 전쟁은 어림잡아 사망자 60만 명과 망명자 300만 명을 남겼다. 또한 수단은 세계에서 가장 위험한 테러리스트 정권 중 한 곳으로 인식되었다. 그것은 수단이 테러리스트를 위한 훈련 장소로 국경 내에 12개 이상의 훈련캠프를 제공하고 있기 때문이다.

NIF의 이슬람주의자들은 의복 규정, 필수 꾸란 연구, 아랍어 비구사자 수단 학생들에 대한 교육상 차별과 함께 학교, 대학, 지방자치 정부를 통해 완전한 이슬람 단일민족국가 운동을 진전시키고 있다. 수단의 이슬람화를 위한 이러한 노력은 정부가 정책과 제도들을 통해 다른 신앙에 대한 배타와 심지어 박해로 소수인 무슬림들의 신앙을 선전할 수 있는 남부 수단에서 가장 극적이다. 예를 들어 모든 비무슬림 재판관들은 남쪽에서 교통 재판과 같은 낮은 수준의 임무를 맡아왔다. 반면에 1989년 혁명 이래로 새로운 재판관들은 대부분 NIF

---

23) P. M. Holt, *A History of the Sudan,* 4th ed., New York: Longman, 1988, p.250.

24) Battle-Weary Christians Maintain Resistance, op. cit., 1995, p.6.

와 강한 유대를 가지고 있고, 지명된 많은 재판관들은 합법적 훈련을 거의 받지 않는다.[25] 남부에서 비무슬림 공무원들은 교체되었고 비무슬림 사업가들은 계약과 인가를 받을 때 차별과 괴롭힘을 받는 것에 불만을 호소한다.[26]

수단 정부는 정부와 수단 사회의 모든 계층이 일반적으로 기독교와 다른 신앙들에 대한 관용이 존재하고 있다고 주장하면서 이러한 고발들을 부인한다.[27] 그러나 정부는 국가가 주의 깊게 우선적으로 선택한 지역과 캠프에만 방문을 허락하면서, 보도 기자들이 인권 침해가 주장된 현장들에 자유롭게 접근하는 것을 제한한다.[28]

수단은 최근에 정부의 정책에서 기독교에 대한 수단 국민들의 '손떼기'와 이슬람으로의 선택의 결과로 이슬람의 우세가 나타난 상호 종교적 대화 회의를 개최했다.[29] 정부는 또한 표면상으로는 비무슬림 수단 인들을 위한 더 많은 종교적 자유의 가능성을 열어두면서 1962년의 포교 법령을 무효화했다. 그러나 정부가 비무슬림들을 위한 어떠한 새로운 자유도 명료화하지 못했기 때문에 법령 무효화의 이점은 기껏해야 형식적일 것이다.

정부는 계속적으로 이슬람법을 성문화해 모든 수단 사회의 '이슬람화'하려는 시도를 촉진하고 있기 때문에 이슬람 이외의 종교들에 대한 큰 아량을 베풀어 달라는 그들의 요구를 받아들이기 어렵다. 이 이슬람법을 어기는 범죄로, 엄격한 샤리아의 적용 아래 어떠한 다른 종교의 자유로운 이행도 비무슬림을 위한 특수하고 일관된 조정과 예외 없이는 존재할 수 없다. 결과는 무슬림이 아닌 수단 인들이 현 수

---

25) U. S. Department of State, op. cit., 1994, p.247.
26) Ibid. p.253.
27) "Sudan: Response by the Council for International Peoples Friendship", *Letter to the Rutherford Institute,* January 16, 1995.
28) The Catholic World Report, April 1995, p.42.
29) The Muslim News, October 28, 1994, p.1.

단 샤리아의 엄격한 적용아래 예외 없이 이슬람법에 따라 옷을 입고 행동하며 살아야 한다는 것이다. 몇몇 관찰자들이 죄수들이 이용할 수 있는 비무슬림 종교 서비스와 샤리아로 음주 위반의 죄가 입증된 어떤 사람들을 위한 일반적 사면과 같은 종교적 관용에 관한 보고서를 가지고 수단에서 돌아왔다는 것은 주목받아야 한다.[30] 그러나 수단 사람들은 만약 그들의 신앙이 직접적으로 샤리아의 규정과 요구에 충돌한다면 종교적 자유에 권리를 가지지 못한다.

Ⅳ. 수단의 이슬람 운동

1. 이슬람 운동의 출현과 전개

수단에서의 이슬람 운동은 1950년대 초, 이슬람운동의 출현 단계에서부터 개혁과 혁신을 경험했으며, 항상 유연한 조직과 순응적인 이데올로기로 그 특징을 나타냈다. 이는 헌법의 잦은 변화, 이슬람 운동법의 정기적 변화, 핵심적 조직 구조의 변화에 반영되어 있다. 이슬람 운동은 모든 중요한 변화의 순간에 그 위치를 점검했고 변화하는 시대와 발을 맞추어 구조적 · 조직적으로 변화했다.[31]

이슬람 운동은 1940년대 중반 여러 가지 가르침 중 특히 하산 알 반나와 사이드 꾸뜹(Sayyid Qutb)의 가르침을 토대로 한 이집트의 무슬림 형제단의 분파로서 출현했다.[32] 1954년 8월의 창립총회에서 그들

---

30) Pobee, op. cit., October 8, 1994, p.17.

31) Hamdi, op. cit., 1988, p.14

32) Ahmad Alawad Sikainga, "Northern Sudanese political Parties and the Civil War", in M. W. Daly and Ahmad Alawad Sikainga(ed.), *Civil War in the Sudan,* London and New York: British Academic Press, 1995, p.86.

은 통합수단무슬림형제단기구(Unified Sudanese Muslim Brotherhood Organization)를 창립했다.[33] 10년 후인 1964년에 이슬람 운동은 이슬람 헌장 전선(Islamic Charter Front: ICF)을 창립했으며, 이 단체는 곧 실질적으로 다양화된 기능을 보유한 중요한 정치적 단체로 변모했다.[34] 이 단체가 과거의 단체와 다른 중요한 차이점은 다른 정치적인 단체에 개방적인, 강화되고 개선된 단체였다는 점이다.[35] 그러나 그것은 대중운동이 아니라[36] 대학이나 고등학교에서 근무하는 중산층 전문가의 단체였다.[37] 이러한 ICF는 전통에 사로잡힌 수피 종단들(Ansar and Khatmiyyah)이나 움마당에 비해, 도시를 기반으로 한 '현대적인' 운동으로 간주되었다.[38] 1964년에서 1969년 사이에 ICF는 수단에서 이슬람법을 전파하는 일종의 압력단체로 성장했다. 결과적으로 ICF는 1969년에 이슬람법의 현대적 초안을 제시하게 되었으며, 이에 대해 안사르(Ansar)와 카트미야(Khatmiyyah) 모두 협조적이었다. 그러나 ICF가 제안한 헌법적인 변화는 1969년 니메이리의 군부 쿠데타로 무효화되었다.

1969년 군부 쿠데타 이후 이슬람 운동은 그 조직을 합리화했으며 과거의 정치적 · 문화적 프로그램과 더불어 사회적 프로그램에 착수했고 1970년대에 대중운동으로 부상하였다. 투라비는 다음과 같이 말했다.

---

33) Abdel Salam Sidahmed, *Politics and Islam in Contemporary Sudan,* New York: St. Martins Press, 1996, p.45.

34) Hamdi, op. cit., 1988, p.14~15.

35) Ibid. pp.102~103.

36) John O. Voll, "The Evolution of Islamic Fundamentalism in Twentieth-Century", in Gabriel R. Warburg and Uri M. Kupferschmidt(ed.), *Islam, Nationalism, and Radicalism in Egypt and Sudan,* New York: Praeger, 1983, p.129.

37) Sikainga, op. cit., 1995, p.86.

38) Hrair R. Dekmejian, *Islam in Revolution: Fundamentalism in Arab World(2nd ed.),* New York: Syracuse University Press, 1955, p.187.

> 우리는 과학적 모델을 적용하여 계획과 문서화를 토대로 조직을 합리화하기 시작했으며 아울러 여러 부문에서 책임의 분배와 조정을 합리화했다. 무엇보다도 우리는 1970년대 초 이슬람 운동의 총체적인 현대화에 착수했다.[39]

이슬람 운동은 카르툼의 중앙집권적 행정에서 분권적이며 유연한 구조로 변모했다.[40] 특히 1977년에서 1985년 사이에 수단 이슬람 운동은 압력단체가 아닌 중요한 정치단체로 변모했으며, 자문위원회와 집행위원회가 모든 지역에 설립되었고 회원도 증가했다.

투라비는 니메이리 정권에 대해 실용적인 노선을 취했다. 투라비는 ICF를 당시 수단에 단 하나뿐인 합법적 정당이었던 수단사회주의연합(Sudan Socialist Union)에 통합하려 했으며,[41] 1976년 초에 니메이리 정권과 함께 데탕트 정책을 취했다.[42] 투라비의 실용주의는 좋은 결과를 낳았고 1970년대 후반 ICF는 유일한 법적·정치적 활동 단체가 되었다.[43] 투라비는 ICF의 사무총장에 임명되었으며 무슬림 형제단은 내각에서 요한 단체에서 중요한 자리를 차지하게 되었다.[44]

이슬람 운동의 중요한 변화의 시기는 ICF가 구조조정을 하고 그 이름을 민족이슬람전선(NIF)으로 변경한 1985년 5월이었다. 니메이리가 1985년 4월에 폐위된 후 투라비는 일부 이슬람주의자들과 함께

---

39) Hamdi, op. cit., 1988, p.18～19.

40) Ibid. p.20.

41) Cudsi, “Islam and Politics in the Sudan”, in James P. Piscatori(ed.), *Islam in the Political Process,* Cambridge: Cambridge University Press, 1983, p.52.

42) Hamdi, op. cit., 1988, p.15.

43) Francis Mading Deng, “War of Visions for the Nation”, *The Middle East Journal,* Vol. 44, No. 4, 1990, p.606.

44) John L. Esposito, *The Islamic Threat: Myth and Reality?(3rd ed.),* New York and Oxford: Oxford University Press, 1999, p.85.

사실상 NIF를 정치적인 단체로 출범시켰으며, NIF는 1986년 의회에서 세 번째로 규모가 큰 정당으로 부상했다.[45] NIF는 '이슬람 운동과 일부 부족과 저명인사 사이의 새로운 연합'이었으며, 이는 니메이리 정권의 이슬람 유산을 총체적으로 뿌리 뽑기 위하여 비종교적인 정당들과 압력단체에 의한 캠페인에 대응해 이슬람 운동의 성과를 보호하고 유지하기 위한 연합이었다.[46] 투라비에 따르면, NIF는 '단순한 그룹에서 통합된 사회단체로, 종교적인 단체에서 국가단체로 변모한 이슬람 운동의 전개 과정에서 진보적인 단계'였다.[47] 또한 투라비는 NIF가 '수단 이슬람 운동의 전개 과정에서 최신 단계의 시작이었으며, 대부분 다른 부문의 활동에 의해 결정된 사항을 반영하는 정치적인 단체일 뿐이었던 1964년의 ICF와는 달리 이슬람 운동의 모든 기능을 상속했다'고 했다.[48] 이슬람 운동은 사회적인 프로그램을 확대했고 이는 곧 NIF의 실질적인 기초가 되었다.

세 번째 민주적인 경험은 1989년의 쿠데타로 막을 내렸다. NIF는 이슬람 운동의 자체 결정으로 해산했으나,[49] 1991년 국회로서 다시 부상했다. 투라비에 따르면, 이슬람 운동은 더 이상 정치단체가 아닌 하나의 '국가 구조'가 되었다. 국회는 1991년 국가의 유일한 법적 · 정치적 조직으로 예견되었으며, 정치적 활동을 위한 공개 토론회를 제공하고 정부를 구성하는 것이 그 임무였다.[50]

수단에서의 이슬람 운동 출현과 전개-소규모 연구 활동에서 중요한 국가단체-로는 사회적 · 정치적 · 경제적 변수들과 종교 · 문화적

---

45) Deng, op. cit., 1990, p.602.
46) Hamdi, op. cit., 1988, p.6.
47) Ibid. pp.15~16.
48) Ibid. p.27.
49) Ibid. p.63.
50) Abdelwahab al-Affendi, "Sudan: Turabi and his Detractors", *Middle East International,* 612, 1999.

변수들로 설명될 수 있을 것이다. 이슬람 운동은 어떤 공백상태에서 출현한 것이 아니다. 정치적·경제적 환경들과 문화적·종교적인 배경이 그 출현에 영향을 끼쳤다.

수단에서의 이슬람 운동은 독립 직전인 주체성 상실 위기의 시기에 시작되었다. 이슬람 운동은 첫 번째 군사정권 몰락 이후 중요한 정치권력이 되었으며, 두 번째 군사정권 몰락 이후 중요한 정당이 되었다. 두 가지 모두 수단 정치의 전통성 상실 위기의 시기를 나타내고 있다. 또한 1970년대와 1980년대 수단의 이슬람 운동에 대한 대규모 지지는 니메이리의 사회·경제 정책 실패의 탓이라고 할 수 있다.[51] 니메이리는 교육·행정·경제 분야의 구조적 변화에 착수했으나 그의 현대화 과정은 계획대로 추진되지 않았으며, 니메이리 정권은 수단 사회를 '혁신하는 데' 실패하였다.[52] 이때 이슬람 운동이 개입하여 이슬람의 가르침을 토대로 한 새로운 해결 방안을 제시하고, 이로써 그들의 사상에 대한 폭 넓은 지지를 얻게 되었다. 이와 같이 사회·경제적 변수들은 수단 이슬람 운동 전개에 중요한 역할을 했다. 그러나 인기 있고 정치적 이슬람이 수단 사회에 깊이 뿌리를 내리고 있어서, 사람들이 이슬람의 정치적 이데올로기를 믿기 때문에 이슬람 운동에 참여했다고 주장할 수도 있다.[53] 많은 수단 사람들은 19세기 후반 마흐디의 집권 하에서의 이슬람 규율에 대한 경험을 간직하고 있다. 이와 같이 종교적·문화적 변수는 수단의 이슬람 운동의 출범과 그 정체성에 어떠한 기능을 했을지도 모른다. 그러나 그

---

51) Sidahmed, op. cit., 1996, pp.193~194.

52) Peter K. Bechtold, "Morer Turbulence in Sudan: A New Politics This Time?" *Middle East Journal,* Vol. 44, No. 4, 1990, p.587.

53) Gabriel R. Warburg, "Introduction", in Gabriel R. Warburg and Uri M. Kupferschmidt(ed.), *Islam, Nationalism, and Radicalism in Egypt and Sudan,* New York: Praeger, 1983, p.13; Carolyn Fluehr-Lobbin, "Islamization in Sudan: An Critical Assessment", *Middle East Journal,* Vol. 44, No. 4, 1990, p.614.

성장과 전개는 수단 정치의 사회적·경제적 역동성에 기인한다고 하는 것이 옳을 것이다.

2. 이슬람 운동

1) 수피 운동

이슬람은 이슬람권의 종교적인 단체나 종단활동을 통해 수단에서 가장 심오하고 오랫동안 유지되는 영향력을 가지고 있다. 이러한 종단은 정통 이슬람의 강한 율법주의적 태도에 대응하는 초자연적인 상태인 수피즘의 전개와 연관되어 12세기에 중동에서 출현했다. 이 종단은 16세기에 처음으로 수단에 소개되었으며 18세기에 중요한 사상이 되었다. 수피즘은 특별한 영적 수양을 통해 신과 더욱 가까운 개인적 관계를 가진 추종자들을 찾고 있다. 염송(Dhikr)은 기도문과 꾸란의 내용을 암송하고, 특별한 종단을 창시한 사람에 의해 제정한 방법에 따라 신체적 운동을 수행하면서 신의 이름과 권능을 반복하는 것이다. 노래와 춤도 도입될 수 있다. 평상시의 일일 기도보다 더 시간이 걸리는 이 운동의 결과는 가끔 무아경 상태의 포기이기도 하다. 수피즘의 염송에는 세 가지 고백이 있다. 첫째, 라 후 일라 후(그분 말고 그분 없다). 둘째, 라 안타 일라 안타(당신 말고 당신 없다). 셋째, 라 아나 일라 아나(나 말고 나 없다). 첫째는 하나님이 '그분(Hu)'인 자의 고백이다. 둘째는 하나님이 '당신(Anta)'인 자의 고백이고, 셋째는 하나님이 '나(Ana)'인 자의 고백이다. 첫째보다는 둘째가, 둘째보다는 셋째가 더욱 하나님에 가깝다. 사실 셋째에 이르면 하나님께 가깝다는 말 자체가 성립되지 않는다. 다른 말로 표현한다면 하나님 안에서 실종된 자의 고백이라 하겠다. 첫 번째에서 두 번째를 거쳐 세 번째로 가는 길이 종교다.[54)]

신비스러운 또는 헌신적인 길(tariqa)[55]은 특별한 종단의 구성을 위한 기초이며, 각각은 또한 종단이라고 불린다. 종교법과 학습에 전문가들은 처음에 수피즘과 수피 종단을 미심쩍은 눈으로 바라보았으나, 수단에서 수피 종단의 지도자들은 수피즘이 샤리아를 대신한다고 주장한다기보다는 샤리아의 특징을 인정함으로써 호응을 받았다.

중요한 종단들은 그들의 관습과 내부 조직에서 상당히 다양하게 변화했다. 어떤 종단은 계급 유형에 따라 엄격하게 조직되어 있으며, 어떤 종단은 지방 조직에 상당한 자율성을 부여했다. 수단에는 12개 정도의 수피종단이 있다. 어떤 것은 수단에 국한되어 있으며 어떤 것은 아프리카나 중동에 널리 퍼져 있다. 여러 수피종단은 모든 독립적이고 현실적인 목표를 위한 오래된 종단의 분파들이며, 과거에 그들이 소속되었던 종단의 길을 크고 작은 방법으로 변경한 사람들에 의해 창립되었다.

가장 오래되고 널리 확산된 수피 종단은 12세기에 바그다드에서 아브 알-카디르 알-질라니(Abd al-Qadir al-Jilani, 1077~1166))에 의해 창시된 카디리야(Qadiriyah) 종단이며, 수단에는 16세기에 전파되었다. 수단 서부에서 카디리야의 주요 경쟁자이며 가장 규모가 큰 종단은 서부 사헬Sahel을 경유하여 1810년경에 수단에 전파된, 모로코의 아흐마드 알-티자니(Ahmad al-Tijani)에 의해 설립된 수

---

54) Pir Vilayat Inayat Khan, 2003, *In Search of the Hidden Treasure: A Conference of Sufis,* 이현주 옮김, 『숨겨진 보물을 찾아서: 삶과 죽음의 연금술 수피』, 삼인, 2004, 326쪽.

55) 타리카(tariqa)는 길, 방법, 수단, 양식 등을 가리키는 말로, 샤리아(외적인 법)와 하키카(내적인 진리) 사이의 중도(中道)를 지칭한다. '두드리다, 두들겨 만들다, 도달하다' 등의 뜻을 가진 타라카(taraqa)에서 유래. 이 타리카(tariqa)는 특히 공통의 전승(傳承)과 공통의 기원(祈願)을 추구하는 한 무리의 수피들을 의미한다. 무함마드는 일찍이 이런 말을 남겼다. "샤리아는 나의 말이오, 타리카는 나의 행동, 그리고 하키카는 나의 영적 상태이다." (Shaykh Fadhlalla Haeri, 1997, *The Elements of Islam,* 김정현 옮김, 『이슬람교 입문』, 김영사, 1999, 238~239쪽)

피 분파인 티자니야(Tijaniyah) 종단이다. 많은 티자니야 종단의 수피들은 다르푸르에서 영향력을 행사했으며 다른 추종자들은 북부 쿠르두판(Kurdufan)에 정착했다. 후에 티자니 상인들의 한 부류가 마을에서 시장이 커지고 무역이 확대되면서 소생했으나, 종교적 리더십을 제공하는 것에는 소홀히 했다.[56] 북아프리카에서 모로코, 알제리, 수단에서 일어난 티자니야 운동은 유럽 식민 제국주의 열강들의 팽창주의 정책에 대항해 사회적 종교투쟁을 벌인 대표적인 이슬람 운동 중의 하나이다.[57] 이는 19세기에 리비아에서 일어난 사누시야(Sanusiyya) 종단에 영향을 미쳤다. 수단에 더욱 중요한 것은 알 파시(al Fasi)라고 알려진, 1837년에 사망한 메카의 유명한 수피학자 사이드 아흐마드 이븐 이드리스(Sayyid Ahmad ibn Idris)의 추종자들에 의해 창립된 종단이었다. 비록 그는 모로코 출신으로 사우디아라비아에 거주했고 수단을 방문한 적이 없지만, 그의 추종자들은 나일 계곡에 퍼져 수단 고유의 종단인 마즈두비야(Majdhubiyah), 이드리시아(Idrisiyah), 이스마일리야(Ismailiyah) 및 카트미야(Khatmiyyah)를 창립했다.

창시자 이름을 따서 미르가니야(Mirghaniyah)라고도 불리는 카트미야(Khatmiyyah)는 다른 종단과 많은 차이를 보인다. 무함마드 오스만 알-미르가니(Muhammad Uthman al-Mirghani)에 의해 19세기 초에 창립된 카트미야는 동부 수단에서 가장 잘 조직되었으며 가장 정치 지향적이고 강력한 종단이었다. 미르가니는 사이드 아흐마드 이븐 이드리스의 제자였고, 그 자신의 종단을 '길의 봉인(封印)(Khatim at Turuq 즉 Khatmiyyah)'이라고 부르며 여러 중요한 종단에 참여했다. 카트미야의 두드러진 형태는 별도로 종단을 이끌 수 있는 미르가니 집안의 특별한 신분, 낙원을 보장하는 종단에 대한 충성심, 종단

56) Warren Malcolm Clark, *Islam for Dummies,* Indianapolis: Wiley Publishing, Inc., 2003, pp.228~229.
57) 김정위 외, 『이슬람 사상의 형성과 발전』, 아카넷, 2000, 313쪽.

지부에 대한 중앙집권적 통제들이다.

카트미야는 아쉬 샤르키(Ash Sharqi) 주의 남부지방에 본부가 있으며, 가장 규모가 큰 추종자들은 수단 동부와 강변지역 일부에 있다. 미르가니 집안은 광범위한 지리적 분산에도 불구하고 추종자들에 대한 강력한 통제력을 바탕으로 하여 정치적 권력 기반으로 삼을 수 있었다. 더욱이 여러 해 동안 추종자들에게서 받은 선물은 미르가니 집안과 종단을 정치적으로 조직화할 수 있는 부를 가져다주었다. 그러나 이 권력은 미르가니의 중요한 경쟁자인 안사르(Ansar) 또는 마흐디(Mahdi)의 추종자들의 권력과 비교가 되지 않았다. 안사르의 현재 지도자 사디크 알 마흐디(Sadiq al-Mahdi)는 전 수단 수상이며 19세기 영국(1881~1898)의 식민 지배에 대항해 봉기를 일으키고 1885년 수단에서 이집트의 지배를 몰아낸 수단 마흐디 알려진 무함마드 아흐마드 이븐 압드 알라(Muhammad Ahmad ibn Abd Allah)의 위대한 증손자이다.[58]

대부분의 다른 종단은 카트미야 보다 작거나 덜 조직화된 조직이었다. 더욱이 수단 무슬림은 다른 아프리카 무슬림과는 달리 비록 제휴가 정상적이더라도 다른 종단과 동일시할 필요성을 느끼지 않은 것으로 보인다. 수단의 많은 무슬림들은 이슬람의 진정한 신의 섭리에 그들 자신의 비전을 순응하기 위해, 이슬람 사회와 통치를 변화시킬 것으로 믿은 정치적 활동을 우선했다.

2) 마흐디 운동

수단의 이슬람 운동 중의 하나인 마흐디 운동이 19세기 후반에 전개되었다. 이 운동의 지도자는 제4대 정통 칼리파 알리의 장자 하산

58) Dale F. Eickelman and James Piscatori, *Muslim Politics,* Princeton and Oxford: Princeton University Press, 1996, pp.34~35.

(625~669)의 후예를 자칭한 수단 출신의 무함마드 아흐마드 이븐 압드 알라(1834~1885)이다. 일찍부터 수피즘 종단에 몸담아 온 그가 마흐디로 자처한 것부터가 이율배반적이지만, 음악이나 무용·흡연·음주를 금기시하고 성물(聖物)을 거부하는 면에서는 와하비파의 영향을 받은 것이 확실하다. 그는 운동의 확충을 위해 지하드(聖戰)가 무슬림들의 중요한 종교의무 중 하나인 성지순례를 대신할 수 있다고 주장할 정도로 지하드를 중요시했다.

마흐디 운동은 하나의 종교적인 종단으로 보이나 전통적인 개념으로 볼 때 종단이 아니다. 마흐디 운동과 그의 추종자들인 안사르는 이슬람의 재건을 추구했으며 일반적으로 종단들에 대해 비판적이었다. 법학자(Faqih)인 무함마드 아흐마드 이븐 압드 알라는 그 자신을 단순한 카리스마적이며 학식이 있는 선생이나, 안사르 사이에 믿음의 한 부문이 된 주장이 아닌 신의 사자이며 예언자 무함마드를 대신하는 '기대되는 마흐디(al-Mahdi al-Muntazar)'라고 선언하였다.

그는 예언자 예수(Isa)의 두 번째 부활과 임박한 세계 종말의 길을 준비하기 위해 보냄을 받았다고 했다. 그리고 사람들은 심판의 날을 예상하고 단순하며 혹독한, 심지어 청교도적인 이슬람으로 복귀하는 것이 필수적이라고 사람들은 했다. 마흐디의 부활에 대한 생각은 순니파의 이슬람 전통에 그 뿌리를 두고 있다. 수단 사람들과 이슬람교도들의 관심사는 무함마드 아흐마드Muhammad Ahmad가 실제 마흐디이었는 가하는 것이었다.

19세기 말엽 수단은 마흐디 운동이란 이름으로 이슬람 개혁을 내세우면서 유럽 제국주의의 진출에 정면 대결하여 패배를 맛보게 되었다. 18세기와 19세기에 이슬람 세계의 거의 대부분을 휩쓴 여러 개혁 운동의 특징은 첫째, 수피사상에 대해서는 정면 반대에서 타협에 이르기까지 다양했으나 중세수피사상의 세속 세계에 대한 부정적 태도를 비난한 점에서는 일치했다. 둘째, 공통적으로 수피 사상의 만연으로 생긴 사회·도덕적 악습을 근절시키고 새로운 사회도덕의 재건과 사회개혁의 필요성을 역설했다. 이들 운동은 어느 하나도 내세에 대한 믿음을 포기하거나 경시하지는 않았지만 그 역점은 사회개혁에 두었다. 셋째, 이 운동들은 초창기 이슬람으로 돌아가자는 점에는 예외가 없다. 초기의 순수하고 행동적인 이슬람으로 돌아가자는 것이다. 넷째, 이즈티하드의 문을 열어두자는 것이다. 이들은 예언자의 권위 외에는 어떠한 것도 인정할 수 없다는 태도를 취했다. 즉 이 운동의 지도자들은 항상 꾸란과 순나 그리고 하디스에 돌아가자고 외치면서, 이러한 그들의 이상을 실현하기 위해서 지하드를 외쳤다. 즉, 이러한 운동들은 이슬람 개혁의 방향을 역사적 이슬람보다는 초창기의 이슬람과 일치시키려 했다.[59]

이 운동들은 유럽 제국주의의 침략이나 사상에 자극받아 생겨난 것은 아니라 이슬람 사회의 내적 모순 때문에 자생적으로 일어난 것이다. 이 운동의 창시자들은 유럽식 교육이나 유럽 인들과의 접촉을 받아 본 일도 없이 순수한 이슬람 교육만을 받은 사람들이었지만, 사회 악습과 부패를 시정해야 한다는 신념을 가지고 이슬람 방법으로 개혁하려 했다. 이 때문에 이들은 전근대적 개혁주의자들이다. 이에 반해 후대의 유럽식 교육과 문물을 받은 사람들이 주도하는 개혁운동은 비록 전근대적 개혁운동의 산물이지만 그 방법은 급격히 변화한 것이다.[60]

아흐마드는 백 나일(White Nile)강에 있는 자그마한 섬에 자신의 교단을 차려놓고 선교활동을 적극 펴는 한편, 무력을 바탕으로 당시 중앙정부격인 카르툼의 영국·이집트 연립정부와 당당하게 담판을 진행하면서, 수차에 걸쳐 정부군의 공격을 분쇄했다. 이러한 승전에

59) 김정위, 『이슬람사상사』, 민음사, 1987, 189~190쪽.

60) F. Rahman, *Islam,* Chicago and London: University of Chicago Press, 1966, p.211.

힘입어 수단 동부에 '마흐디야국'을 건립하고 한때 수도 카르툼을 공략(1884)해, 영국군 주둔사령관을 사살하는 전공까지 올렸다. 그러나 영국·이집트 연합군의 보복 정벌로 10여 년간 유지해 온 마흐디야국은 운명을 다하고 말았다.

마흐디주의자의 봉기 이후 1세기 동안 신(新) 마흐디주의자(neo-Mahdist) 운동과 서구 세계의 마흐디즘 추종자인 안사르는 수단에서 정치적인 권력으로 살아남았다. 가축 유목민인 박크라(Baqqra)에서 백 나일 강의 대규모 정착민들까지 많은 그룹이 이 운동을 지지했다. 안사르는 마흐디 집안의 사람들인 무함마드 아흐마드의 계승자들의 통제 하에 계급적으로 조직되었다.

그러나 마흐디 집안의 다른 사람들의 야망과 변화하는 정치적 시각은 내부 분열을 야기했으며, 1970년대 초 이래 안사르의 지도자로 추정되는 사디크 알 마흐디는 모든 마흐디주의자(Mahdist)들의 만장일치의 지지를 반가워하지 않았다. 마흐디주의자 집안의 정치적 목표와 야망은 그 운동 본래의 종교적 사명보다 우선하고 있었다. 이와 같이 안사르는 최근 마흐디 운동의 종교적 메시지보다는 마흐디의 정치적 후손으로서 더욱 충실하고 있다.

3) 무슬림 형제단 운동

이슬람 사회를 세속화하기 위한 노력에 대응하기 위해 1960년대 수단에서 널리 퍼진 한 운동은 1920년대에 이집트에서 하산 알 반나(Hasan al-Banna)에 의해 창립된 무슬림 형제단(al-Ikhwan al-Muslimin)이었다. 본래 그것은 서방 세계로부터 도입되는 기술혁신과 경쟁방법으로, 이슬람의 기본으로 돌아가기 위한 종교적인 부흥운동으로 시작되었다. 훈련이 되어 있고 동기부여가 높으며 재정 지원이 잘 된 단체로 알려진 무슬림 형제단은 비록 수단 국민의 일부만을 대표한다고 할지라도 1970년대와 1980년대에 강력한 정치적 단체가 되었다. 무혈 쿠데타에 이어 1989년 6월에 구성된 정부에서 무슬림 형제단은 그의 추종자 몇몇이 국무위원으로 포함된, 그들의 정치적 단체인 NIF를 통해 영향력을 발휘했다.

Ⅵ. 결론

아프리카대륙의 이슬람국가로서 수단은 가장 늦게 이슬람이 소개된 국가이다. 이슬람이 7세기 말경 수단의 여러 분야에 접촉하기 시작하였다는 것이 일반적 견해이다. 상인, 교사, 군인들에 의하여 이슬람이 수단에 전파되었을 때, 수단은 정치조직과 사회제도가 완성되어 있던 국가였다. 이는 이슬람이라는 외부 요소와 기본적 사회 요소와의 갈등 관계가 존재했다는 것을 의미한다.[61]

수단은 오늘날 이슬람을 신봉하는 아랍인들이 국민의 다수를 형성하고 있으나, 그들이 원래의 그 지역 주인은 아니었다. 아랍인들은 7세기 중반 이 지역으로 이주하기 시작하여 13세기 이후 이슬람을 신봉하고 아랍어를 사용하는 수단 국민을 형성했다. 이러한 가운데 토착 원주민들은 소수민족으로 전락했다. 그들은 이슬람문화가 이곳에 형성되기 이전에 전래된 기독교를 신봉하거나 또는 원래의 원시종교를 신봉하면서 토착적 문화를 유지하고 있으며, 이슬람을 신봉하는 아랍인이 대부분을 차지하고 있다.

수단은 사하라 지역에서 순수한 이슬람국가를 강제적으로 시도해온 유일한 정부이다. 아랍계통 수단 인이 지배하는 급진정부가 1989

61) J. S. Trimingham, "The Phases of Islamic Expansion and Islamic Culture Zones in Africa", in *Islam in Tropical Africa,* I. M. Lewis(ed.), London: Oxford University Press, 1966, p.128.

년 권력을 장악하면서 최루 가스로 결혼파티를 해산시키고, 세속음악 연주에 사용되는 악기를 부수고, 신앙이 부족한 교우를 고발하는 학생에게 보상금을 지급하기 시작했다. 한동안 수단은 세계에서 가장 엄격한 이슬람 국가 중 하나였다. 그러나 지금은 이슬람주의자들의 지배력이 느슨해지고 있는 것 같다.

1999년에 지배체재의 주요 이론가인 핫산 알 투라비는 오마 바시르 대통령에 의해 내쫓겨 수감되었다. 정부 내의 실용주의자들은 이슬람주의가 내전을 연장했다는 것을 깨달았다. 대개 비무슬림이며 종종 토플리스(가슴을 노출시킨)의상으로 돌아다니곤 하는 남쪽지역 사람들은 절대 샤리아에 복종하지 않을 것이다. 동시에 많은 무슬림들도 정부의 광신에 대해 싫증을 느끼고 있다. 수단의 젊은 언론인 니마 엘 바길은 수단이 민감하고 다양성을 지닌 국가라고 한다. 또한 그는 어느 누구도 현 상황을 꾸며낸 걸프 사태와 동일하게 보기를 원치 않으며 자신들은 아랍인이 아니라고 했다.

정부는 이 점을 허용하지 않으려 했지만 대중의 불만에 한보 양보했다. 법은 더 이상 가혹하지 않다. 여성들이 베일을 두르지 않고 다닌다는 이유로 여전히 체포될 수 있지만 대개는 체포되지 않는다. 혼성으로 공원에 소풍 가는 것은 흔한 일이고 달빛이 비치는 나일 강을 걷는 대담한 커플들도 생겼다. 여전히 가택 구금되어 있는 투라비 조차 다원주의의 필요성에 대해 말하기 시작했다. 그의 아내 웨자 알 마흐디는 이슬람이 자유로운 종교이며 사람들은 선택의 자유가 있어야한다고 말했다.

수단의 갈등은 인종·종교 등 고질적 요소가 분쟁 원인이었던 만큼, 현재 관심은 평화협정이 과연 제대로 이행될 것인가에 맞춰져 있다. 합의의 골자는 6년간의 남부지역 자치가 끝난 뒤 국민투표로 분리 여부를 결정하고, 정부 직위와 석유 이권(利權)을 분할한다는 것이다. 6년 뒤 수단 정부가 분리를 수용할 것이라고 보는 전문가는 거의 없지만, 국민투표 조건이 수단 정부의 합의안 이행에 긍정적인 영향을 미칠 것이라고 미국 뉴욕타임스는 전망했다. 또한 협상에서 빠진 “다르푸르 분쟁'도 시급히 해결되어야 할 문제다.

수단의 평화협정체결은 38년간의 남북갈등과 1983년 이래로 21년간의 내전 갈등을 완전히 종식하고 수단의 평화와 발전에 획기적인 전기가 마련된 것으로 평가된다. 정치변화로는, 금년부터 과도 헌법 위원회를 구성해 남부 헌법을 제정한 뒤 자치 입법, 행정, 사법부를 남부지역에 구성할 것이며, 자원 분배 협정에 따라 화폐제도 개혁, 세제 개선, 은행 제도 개혁이 이루어질 것으로 전망된다. 그리고 사회적으로는 남북 간에 매설되어 있는 지뢰 200만 개를 UN의 협조 아래 제거하고 작년에 UN이 약속한 바 있는 5억 달러의 개발 원조금과 각국의 거액 원조에 힘입어 도로, 전력 등 사회 인프라를 복구하는 한편, 교육과 사회복지 등 피폐된 사회 재건에 박차를 가할 것으로 전망된다. 경제적으로는, 미국과 서구의 조력으로 석유개발과 탐사, 송유관 증설 등이 이루어져 원유수출이 증대될 것으로 보인다. 이에 따른 세입증가로 수단 경제가 호전되어, 장기적으로는 21세기에 아프리카 대륙과 중동·아랍 국가의 가교역할을 하는 아프리카의 중심지로서, 국제적인 위상이 부상될 것으로 전망된다.

참고 문헌

김정위 편, 『이슬람사전』, 학문사, 2002.

김정위 외, 『이슬람 사상의 형성과 발전』, 아카넷, 2000.

김정위, 『이슬람사상사』, 민음사, 1987.

황병하, 「수단 이슬람 원리주의 형성 과정과 이념」, ≪한국이슬람학회논총≫, 제8집, 1989.

Al-Affendi, Abdelwahab. 1991, Turabi's Revolution: Islam and Power in Sudan, London: Grey Seal.

Al-Affendi, Abdelwahab. 1999, "Sudan: Turabi and his Detractors", Middle East International, 612.

Al-Awsat, Al-Sharq. 1994, London, 8 February; See, also, a typical fundamentalist critique of Sudan's Islamic model, "Sudan: When a State is Not an Islamic State?" Khilafah, at http://www.Khilafah.org/graphics/pseudo/countries/issudan.html

Bechtold, Peter K. 1990, "More Turbulence in Sudan: A New Politics This Time?" Middle East Journal, Vol. 44, No. 4.

Clark, Warren Malcolm. 2003, Islam for Dummies, Indianapolis: Wiley Publishing, Inc.

Cudsi, Alexander. 1983, "Islam and Politics in the Sudan", in James P. Piscatori(ed.), Islam in the Political Process, Cambridge: Cambridge University Press.

Esposito, John L 1999, The Islamic Threat: Myth or Reality?(3rd ed.), New York and Oxford: Oxford University Press.

Dekmejian, Hrair R. 1955, Islam in Revolution: Fundamentalism in Arab World(2nd ed.), New York: Syracuse University Press.

Deng, Francis Mading. 1990, "War of Visions for the Nation", The

Middle East Journal, Vol. 44, No. 4.

Eickelman, Dale F. and James Piscatori. 1996, Muslim Politics, Princeton and Oxford: Princeton University Press.

Field, Michael. 1994, Inside the Arab World, Cambridge: Harvard University Press.

Government of Sudan. 1993, Principles, Regulations and Constitutional Developments for 1993, Khartoum, 16 October.

Fluehr-Lobbin, Carolyn. 1990, "Islamization in Sudan: An Critical Assessment", Middle East Journal, Vol. 44, No. 4.

Hamdi, Mohamed Elhachmi. 1989, The Making of an Islamic Political Leader: conversations with Hasan al-Turabi, English Translation by Ashur A. Shamis, Colorado and Oxford: Westview Press.

Haeri, Shaykh Fadhlalla. 1997, The Elements of Islam, 김정현 옮김, 1999, 『이슬람교 입문』, 김영사.

Law in the Sudan Under the Anglo-Sudan Condominium in The Condominium Remembered, Volume 1: The Making of the Sudanese State.

Legum, Colin. 1992, "Struggle Over Sharia", *New African,* March.

Moussalli, Ahmad S. 1999, Moderate and Radical Islamic Fundamentalism, Gainesville: University Press of Florida.

Nelson, Harold D(ed.). 1992, *Sudan: A Country Study,* Washington D. C.: The American University and Department of the Army.

New African, December, 1994.

New York Times Service, republished in International Herald Tribune, 26 December 1996.

Niblock, Tim. 1991, "Islamist Movements and Sudan's Political

Coherence", in Herve Bleuchot, Christian Delmet and Derek Hopwood(eds.), *Sudan: History, Identity, Ideologies,* Reading: Ithaca Press.

Pinto, Maria do ceu. 1999, Political Islam and the United States: A Study of the U. S. Policy Towards Islamist Movements in the Middle East, Reading.: Ithaca Press.

Sidahmed, Abdel Salam. 1996, Politics and Islam in Contemporary Sudan, New York: St. Martins Press.

Sikainga, Ahmad Alawad. 1995, "Northern Sudanese political Parties and the Civil War", in M. W. Daly and Ahmad Alawad Sikainga(ed.), Civil War in the Sudan, London and New York: British Academic Press.

Trimingham, J. S. 1966, "The Phases of Islamic Expansion and Islamic Culture Zones in Africa", in I. M. Lewis(ed.), Islam in Tropical Africa, London: Oxford University

Viorst, Milton. 1995, "Sudan's Islamic Experiment: Fundamentalism in Power", *Foreign Affairs,* Vol. 74, No. 3.

Voll, John O. 1993, "The Evolution of Islamic Fundamentalism in Twentieth-Century", in Gabriel R. Warburg and Uri M. Kupferschmidt(ed.), Islam, Nationalism, and Radicalism in Egypt and Sudan, New York: Praeger.

U. S. Department of State. 1999, Annual Report on International Religious Freedom for 1999: Sudan, Washington D. C. 9 September.

Warburg, Gabriel R. 1983, "Introduction", in Gabriel R. Warburg and Uri M. Kupferschmidt(ed.), Islam, Nationalism, and Radicalism in Egypt and Sudan, New York: Praeger.

일본의 종교문화와 선악의 문제

박규태 | 한양대학교 일본언어문화학부 교수

일본의 종교와 문화를 다루고자 할 때 선악의 문제는 매우 특별한 의미를 가진다. 이는 비단 종교 담론의 핵심에 선악의 문제가 놓여져 있기 때문만은 아니다. 보다 중요한 것은 일본문화의 저류에 상대주의적 선악 관념이 흐르고 있다는 통찰력에 있기 때문이다. 그런데 선(善)이 무엇이고 악(惡)이 무엇이냐 하는 물음은 늘 우리를 당혹케 한다. 선과 악의 객관적 기준이 모호하며, 그럼에도 불구하고 모든 삶의 현장에 독버섯처럼 피어나는 악과 고통의 현실을 부정하기도 어렵기 때문이다. 그래서 우리는 선악의 문제를 생각할 때마다 통상 '역설'이라는 말을 떠올리게 된다. 선악의 문제는 분명 하나의 역설을 구성한다. 하지만 선악의 문제가 역설이라고 말하는 것만으로는 아무것도 설명되지 않는다. 중요한 것은 그것이 어떤 역설을 구성하는가 하는 점에 있다. 여기서 다루고자 하는 일본인의 선악관념은 기본적으로 페시미즘과 옵티미즘 사이의 몇 줄기 스펙트럼으로 진동하고 있다. 그러나 그 진동은 서구 기독교적 전통이나 혹은 중국 및 한국 사상전통의 그것과는 다소 상이한 곡선을 그려내고 있다. 이하에서는 일본의 종교, 사상, 문화 전반에 걸쳐 선악의 문제가 어떤 역설을 구성하는지에 관해, 그 편린의 일부를 살펴보면서 거기서 나온 잠정적인 결론을 타자의 문제라는 관점에서 재고해 보기로 하겠다.

1. '마코토'(誠)의 문화와 '하지'(恥)의 문화에 있어 악의 역설

일본문화에 있어 악의 역설과 관련하여 먼저 '마코토'(誠)의 문화에 대한 고찰이 필요하다. 이는 일본인이 '성'(誠)이라는 유학개념을 어떻게 받아들이고 이해했는가 라는 문제와 직결되어 있다. 여기서 우리는 객관성을 중시하는 주자학의 경(敬)사상이 일본에서는 주관적이고 주정적인 성(誠, 마코토) 일변도로 바뀌었다는 점, 그리고 그 과정은 곧 주자학적인 보편적 리(理)의 부정[1]과 일치한다는 점에 유의하지 않을 수 없다. 윤리학자 사가라 도오루(相良亨)의 말대로 일본에서 마코토는 실로 리의 부정으로서 이해되었다. 여기서 일본인이 관념한 마코토의 특징은 ① 보편적 원리로서의 리 개념과는 무관한 내적 필연성이 강조되며, ② 순수하게 자기를 잊고 전체성에 귀일하는 주관적 심정에 입각하여 ③ 기존 질서에 순응하면서 주어진 일에 최선을 다하여 몰입하는 태도로 요약될 수 있다(相良亨, 1989: 185~196쪽). 이런 마코토의 문화에서는 자기와 타자가 각자 독립적인 개인으로서 별개의 존재라는 의식이 분명하게 나타나지 않는다. 게다가 악의 문제가 시비를 가리는 리(理)의 문제로서 인식되는 일이 거의 없으며, 루스 베네딕트의 표현을 빌자면 악의 문제와 정면으로 대결하는 자세가 희박하다(루스 베네딕트, 1991: 176쪽). 또한 마코토의

---

1) 일본유교에 있어 주자학적 리(理)의 부정에 관해서는, (박규태, 2005, 제2장) 참조.

문화에서는 종종 상위 질서(천황, 지도자, 교조 등)에 대한 무조건적인 충성이 당연시되며, 리(理)와 같은 원리적인 거대담론을 전제로 하지 않기 때문에 상위 질서의 도덕적 결함을 견제할 메카니즘이 결여되기 쉽고 따라서 종종 집단적인 악에 무자각적으로 동원될 수 있는 위험성이 상존한다.

한편 베네딕트는 ≪국화와 칼≫(1946)에서 서구 유대-기독교 전통의 '죄의 문화'와 대비하여 일본문화를 '치(恥, 하지)의 문화'로 규정한다. 이 때 '죄의 문화'에 있어 도덕의 원동력이 죄책감이라고 한다면 하지의 문화에서는 수치심 혹은 치욕감이야말로 모든 덕목의 근본으로 간주된다.[2] 이와 같은 하지의 문화에서 사람들은 자신의 행동에 대한 세평에 유난히 신경을 곤두세우며, 개개인의 양심보다는 주로 '기리'(義理)의 망으로 촘촘하게 얽힌 인간관계를 유지하는 데에 온 힘을 기울일 뿐이고 설령 악을 행한다 해도 그것이 세상에 알려지지 않는 한 크게 걱정하지 않는다는 것이다(같은 책, 특히 207~210쪽). 그런만큼 하지의 문화에서는 악의 역설이 꽃피울 공간이 더 확장될 만한 여지가 있다. 예컨대 죄의 문화가 비교적 분명하게 선악의 기준을 설정하고 있는데 반해, 하지의 문화에서는 구태여 그럴 필요성을 느끼지 않는다. 중요한 것은 마코토의 태도이며 철저히 마코토를 사는 한, 치욕감으로 인해 분노하는 일은 있을지언정 서구적 의미에서의 죄책감에 시달리는 일은 별로 없다. 후술할 오옴진리교 사건의 경우, 무차별적 폭력이 악인 줄 모르지 않으면서도 교조에 대한 무조건적인 복종에 입각하여 자행한 '태연한 얼굴의 악' 뒤에 이와 같은 마

2) 베네딕트는 오오쿠마 시게노부(大隈重信)의 말을 인용하면서, 일본인에게 있어 세계를 지배하는 한 가지 덕목을 들라고 하면 '마코토'를 선택하는 것이 보통이라고 말한다(루스 베네딕트, 같은 책, 198쪽). 이처럼 마코토(誠)와 하지(恥)는 일본인에게 근본적인 덕목이라는 점에서 밀접한 연관성을 지닌다. 예컨대 자신의 마코토가 인정받지 못하거나 부정될 때 일본인은 격한 치욕감을 느낄 것이다.

코토의 문화와 하지의 문화가 있었다고 말하면 지나친 억측일까?(박규태, 2000: 138~139쪽)

2. 악인이야말로 구원받는다: 신란과 악의 역설

하지만 악의 문제와 관련하여 죄책감(주로 타자에 대한)과 죄의식(주로 자기 자신에 대한)은 엄밀히 구분되어야 한다. 죄의식의 관한 한 일본문화는 선명하고 인상적인 사례를 가지고 있기 때문이다. 일본불교 최대의 교단인 정토진종(淨土眞宗)[3]의 창시자 신란(親鸞, 1173~1262)은 그 전형적인 경우라 할 수 있다. 당대를 철저히 말법시대로 파악, 벼랑끝 같은 위기의식에 입각하여 기성불교를 전면적으로 부정했던 신란이 ≪탄이초≫(歎異抄)[4]에서 제기한 테제 곧 '악인정기'(惡人正機 혹은 惡人正因)설은 일본적 악의 역설을 극명하게 드러내 보여 준다. 바로 그런 선악의 역설에 신란 사상의 핵심이 들어있다고 해도 과언이 아니다.

> "선한 사람도 왕생을 할 수 있는데 하물며 악한 사람이야 말할 나위 있겠는가. 이것이 진실인데도 사람들은 흔히 말하기를 <악한 사람도 왕생하는데 하물며 선한 사람이야 말할 나위 있겠는가>라고 말한다. 이 말은 일면 그럴 듯해 보이지만 실은 본원타력(本願他力)의 뜻

3) 스즈키 다이세츠(鈴木大拙, 1870~1966)는 일찍이 정토진종이야말로 선종과 더불어 이른바 '일본적 영성'을 가장 순수한 형태로 보여준다고 지적한 바 있는데(鈴木大拙, 1972: 20쪽), 이 때 그가 말하는 '영성'이란 문화 및 종교의식과 밀접한 연관성을 지닌 개념이다.

4) 오늘날 일본인에게 가장 널리 알려지고 가장 널리 읽히는 고전 중의 하나로서, 신란의 어록을 근거로 하여 통상 제자 유원(唯圓)이 정리 편찬했다고 말해지는 이설 비판서. 원본은 분실되어 전해지지 않으나, 대략 1288년경에 성립되었다고 추정된다.

에 어긋난다. 왜냐하면 자력으로 선을 행하는 자는 전적으로 타력에 의지하려는 마음이 없으므로 아미타불의 본원에 부합되지 않기 때문이다. 하지만 자력의 마음을 바꾸어 타력에 의지하면 진실된 극락정토(眞實報土)에 왕생할 수 있다. 번뇌구족(煩惱具足)의 인간, 즉 태어나면서부터 숙명적으로 번뇌에 사로잡혀 추악한 욕망의 노예가 되어 있는 우리들은 아무리 노력하고 수행을 한다 해도 무한히 유전하는 생사의 사슬에서 벗어날 수가 없고 이 번뇌의 세계로부터 한 발짝도 나갈 수가 없다. 아미타불은 이런 우리들을 불쌍히 여기시어 48가지 서원을 세우신 것이다. 즉 아미타불이 본원을 발하신 참된 뜻은 악인성불(惡人成佛)을 위한 것이다. 그러므로 타력을 의지하는 악인들이야말로 극락왕생을 이룰 수 있는 본래의 대상(正因)인 것이다. (신란성인께서는) 이런 까닭에 <선한 사람도 왕생을 할 수 있는데 하물며 악한 사람이야 말할 나위 있겠는가>라고 말씀하신 것이다."(歎異抄)

신란 사상의 핵심적인 메시지가 담겨 있는 이 악인정기설을 이해하기 위해서는 먼저 '아미타불의 본원'(=아미타불의 48가지 서원)이 무엇인지를 알아야 한다. 그것은 아미타불이 부처가 되기 전에 모든 중생들을 구제하기 위해 세웠다는 48가지의 서약을 가리킨다. 그 중 정토진종에서는 아미타불의 이름(名號)을 창하는 모든 자를 구제하겠다는 제18서원을 특히 '선택본원'(選擇本願)이라 하여 절대타력신앙의 준거로서 중시하고 있다. 그런데 이처럼 아미타불의 본원을 독특하게 해석한 신란의 악인정기설이 말하는 선인과 악인은 도덕적 가치판단이 전제되어 있는 오늘날의 어법과 반드시 일치하지는 않는다. 다시 말해 위의 맥락에서 선인은 자력(자신의 선)에 의한 왕생을 구하는 자, 수행과 보시와 계율의 실천이 가능한 삶의 환경 속에서 자기를 절제할 수 있는 자를 가리킨다. 이에 반해 악인은 타력의 신심에 의한 왕생을 추구하는 자, 어쩔 수 없이 계율을 범하며 번뇌와 죄악을 끊기 어려운 자, 직업적 이유로 해서 사회에서 소외된 비천한 피차별민을 포괄한다. 그러니까 악인정기 즉 악인이야말로 아미타불이 그의 서원을 통해 구제하고자 하는 대상에 다름 아니라는 신란의 특이한 발상은 도덕적 선악의 문제를 넘어서서 사회경제사적 함의를 담고 있는 개념이라 할 수 있다.

우리는 이와 같은 사회경제사적 함의의 근저에 신란 자신의 짙은 실존론적 고뇌가 깔려 있다는 점도 간과해서는 안 될 것이다. 즉 신란에게 악이란 인간 본래의 모습 혹은 근본악으로 상정되어 있다. 다시 말하자면 인간은 근원적으로 꺼지지 않는 번뇌의 존재, 어찌할 수 없는 욕망의 존재, 생사윤회의 사슬에 사로잡혀 움찍달싹할 수 없는 존재, 아무리 노력해도 도덕적으로 선해질 수 없는 존재, 자기 안에 혐오스러운 지옥을 품고 사는 존재일 수밖에 없다는 것이다. 신란의 악인정기설에는 이와 같은 근본악에 대한 고뇌어린 실존론적 자각이 깊이 서려 있다. 이는 그가 86세의 만년에 지은 다음 운문에서도 잘 엿볼 수 있다.

> "정토진종에 귀의했건만
> 진실한 마음은 얻기 어렵고
> 허망하고 거짓되며 진실이 없는 나에게
> 청정한 마음 또한 없구나.
>
> 겉으로는 사람마다
> 현명하고 선하고 정진하는 것처럼 보이지만
> 탐욕과 노여움과 거짓이 많고
> 간사함이 가득 차 있다.
>
> 악한 성품은 실로 지우기 어려워

마음이 뱀과 전갈과 같다.
선을 닦는 것도 독에 섞여 잡스러우니
거짓된 가짜 수행에 지나지 않는다.

몸 자체는 아무런 부끄러움이 없는데도
진실한 마음이 없으니
아미타불이 그 존귀하신 이름을 회향하신 즉
공덕이 시방세계에 가득하도다."(愚禿悲歎述懷)

전 생애를 이와 같은 깊은 죄의식 속에서 살았던 신란은 "선한 마음이 생기는 것은 전생의 선한 업보 때문이다. 마찬가지로 악한 것을 생각한다든지 행하는 것도 전생의 악한 업보 때문이다. 신란 성인께서는 이렇게 말씀하셨다. '토끼나 양의 털끝에 묻어 있는 먼지만한 아주 미세한 죄악이라도 모두가 전생의 악한 업보 때문이라는 사실을 알아야 한다.'"(歎異抄)는 글에서 알 수 있듯이, 마치 기독교의 원죄사상처럼 악을 거의 결정론적으로 이해했다(길희성, 1999: 74쪽). 그리하여 신란은 마침내 믿음(信)의 불가사의성을 주창하기에 이른다.

"무릇 큰 믿음의 바다를 생각하건대, 귀천이나 승속(僧俗)이나 남녀노소나 지은 죄의 크고 작음을 묻지 않고 수행의 길고 짧음도 논하지 않는다. …(중략)… 중요한 것은 오직 불가사의하고 무어라 칭할 수도 없고 설할 수도 없는 믿음의 즐거움(信樂) 뿐이다."(教行信證)

악에 대한 이와 같은 결정론적 태도 및 믿음의 불가사의에 대한 고백과 더불어 신란은 인간을 도덕적으로 무력한 존재이자 어리석고 악한 범부로 파악하는 한편, 그런 인간을 악의 고리로부터 구제할 수 있는 것은 오직 아미타불의 은덕(타력) 뿐이라고 이해했던 것이다.

이처럼 지독한 페시미즘과 매저키즘의 내음을 물씬 풍기는 신란에게서 우리는 '인간의 근원적 고독과 한계'(이용주, 1997)를 느낄 수 있을 뿐만 아니라, 무엇보다 뚜렷한 악의 역설을 감지하게 된다.

> "신란 성인께서는 이렇게 말씀하셨다. '나는 선이 무엇인지도 악이 무엇인지도 모른다. 우리는 아미타불이 선에 관해 아는 것만큼이나 철저하게 알아야 선이 무엇인지를 안다고 말할 수 있을 것이다. 마찬가지로 아미타불이 악에 관해 아는 것만큼이나 철저하게 알아야 비로소 악을 안다고 말할 수 있을 것이다. 하지만 우리는 아미타불처럼 선과 악을 알지 못한다.'"(歎異抄)

여기서 신란은 아미타불의 초월적 경지를 기준으로 삼아 인간의 선악을 논하고 있다. 때문에 신란에게 악의 역설은 우리가 악에 대해 가장 중요한 것은 하나도 알지 못한다는, 아니 알 수 없다는 사실의 자각으로부터 비롯된다. 이와 같은 불가지론은 필연적으로 악인정기설을 문자 그대로 받아 들여 일부러 악을 행한다는 발상으로 이어질 위험이 있다. 이와 관련하여 우리는 아미타불의 본원을 문자 그대로 믿는 나머지 온갖 악을 행하고도 아무런 가책을 느끼지 않는 '조악무애'(造惡無碍)의 반도덕주의에 빠질 위험성을 지적할 수 있다(길희성, 1999: 97쪽). 정토진종사는 이런 입장을 실제로 실천했던 신란 제자들의 반도덕주의를 가리켜 '본원 뽐내기'(本願誇り)라 칭한다. 하지만 신란은 그런 반도덕주의에 대해 우려를 금치 못했다.

> "예전에 잘못된 생각에 빠진 염불자가 있었다. 그는 '악을 행한 자가 구제받는다' 하여 일부러 악행을 저질렀다. 그러면서 그는 자신의 악행이 극락정토에 왕생하기 위한 것이라고 떠벌리고 다녔다. 이런 풍문을 들으신 신란 성인께서는 편지글을 통해 '해독약이 있다 하여 독

을 즐겨 마셔서야 되겠는가'라고 경계하셨다. 하지만 이는 잘못된 생각을 막기 위함이지, 결코 악행이 정토에 왕생하는데 방해가 된다는 뜻은 아니다."(歎異抄)

그렇다면 불가지론이 나아갈 수 있는 또 다른 가능성은 무엇일까? 신란의 표현을 빌자면 그것은 아미타불의 서원에 선이든 악이든 모든 것을 완전히 내맡기는 것이다.

"아미타불의 서원은 악행의 응보로서의 깊고 무거운 죄장과 번뇌의 불꽃으로 격렬하게 타오르는 우리들 중생을 구제하기 위한 것이다. 그런 아미타불의 서원을 믿는다면, 다른 선은 일체 필요 없다. 염불을 외는 것에 필적할 만한 선은 다시없기 때문이다. 그 때 자신이 행한 악의 응보를 걱정하지 않아도 그만이다. 아미타불의 서원을 방해할 만한 악은 존재하지 않기 때문이다."(歎異抄)

그런데 아이러니컬하게도 이 지점에서 신란의 악의 역설은 바야흐로 마지막 정점을 향해 치닫는다. 그 정점에서 우리가 만나게 되는 것은 놀랍게도 살육의 메타포이다.

"신란 성인께서는 언젠가 내게 '유원은 나의 말을 믿는가?'라고 물으셨다. 내가 '믿습니다'라고 대답하자, '그럼 나의 말에 거역하지 않겠는가?'라고 거듭 물으셨다. '예'라고 내가 대답하자, 성인께서는 '한마디로 말하지. 사람을 천 명 죽이면 돼. 그럼 반드시 정토에 왕생할거야'라고 하셨다. 나는 그 때 '말씀은 잘 알겠습니다만, 저로서는 단 한 사람도 죽일 수 없을 것 같습니다'라고 대답했다. 그러자 성인께서는 '그렇다면 그대는 어찌하여 내 말에 거역하지 않겠다고 말했는가?' 라며 이렇게 말씀하셨다. '내가 말하려는 것이 무엇인지 잘 알겠지. 그대가 어떤 일이든 생각한 대로 이룰 수 있다고 하자. 그러면 정토에 태어나기 위해 천 명을 죽이라는 내 말을 듣자마자 곧바로 천 명을 죽일 수도 있을 것이다. 그러나 그대는 단 한 사람이라도 죽일 만한 전생의 인연이 없기 때문에 죽일 수 없는 것이다. 그대의 마음이 선하기 때문에 살인을 하지 않는 것이 아니다. 또한 살인할 생각이 없는데도 백 명, 천 명의 사람을 살육하는 일도 있는 것이다.' 사람들은 흔히 자신의 마음이 선하면 정토에 태어나고 악하면 정토에 태어나지 못한다고 생각한다. 하지만 그것은 불가사의한 서원의 신비에 의해 아미타불이 (악인을) 구제해 준다는 사실을 몰라서 하는 소리다."(歎異抄)

이 살육의 메타포는 오랜 동안 일본의 식자들 사이에서 그저 극단적이고 비현실적인 비유로만 이해되어 왔다. 그것이 후술할 오옴 사건과 같은 의사 현실로 나타나리라고는 누구도 상상하지 못했다(中村雄二郎, 1998: 34쪽). 물론 오옴 신자들의 경우, 신란과는 달리 깊은 죄의식 없이 구제의 환상에 몰입하여 살육을 감행했다는 결정적인 차이가 간과되어서는 안 될 것이다. 그러면서도 우리는 오옴사건의 정신적 배경과 악인정기설이 '선악의 피안' 어디에선가 겹쳐지는 풍경을 바라보게 된다. 여기서 '선악의 피안'이란 후술할 모토오리 노리나가에 있어 선악의 역설을 집약적으로 상징하는 말이다. 우리는 앞서 살펴본 신란의 부정의 정신, 범부의식, '오직'의 배타적 사고방식, 불가지론 등이 노리나가의 사유에서도 그대로 발견된다는 점을 기억하고 넘어갈 필요가 있다. 이와 같은 사유구조의 유사성에 있어 신란과 노리나가는 함께 '선악의 피안'을 공유하고 있는 셈이다.

3. 리(理)를 배제한 사랑의 보편성은 가능한가: 이토 진사이와 악의 역설

고학(古學)이라 불리는 일본적 유학의 창시자인 이토 진사이(伊藤仁齋, 1627~1705)는 ≪동자문≫(童子問)에서 "무릇 천지간은 일체 일리(一理)뿐이다. 정(靜)은 없고 동(動)만 있으며, 악은 없고 선만 있을 따름이다. 대저 정이란 동의 멈춤이고 악이란 선의 변종에 다름 아니다. 선이란 생(生)에 속하고 악은 사(死)에 속한다. 선악이란 상대적 개념이며 양자가 독립적으로 따로 생겨난 것은 아니다. 생(生)의 자리에서 보면 선과 악은 하나이기 때문이다."라 하여, 선악을 '생(生)일원론'의 입장에서 이해했다. 즉 생의 자리에서 보면 선만 있으며 악은 없고, 악이란 그저 선의 일종일 뿐이라는 것이다. 이런 관점은 후술할 일본 신종교의 생명주의적 선악관과 상통하는 면이 있다.

그런데 이런 관점에는 현실적으로 존재하는 악의 실체성을 간과할 위험성이 내포되어 있다. 이에 비해 상호연관성에 입각한 안도 쇼에키(安藤昌益, 1703~1762)의 호성(互性)적 상대주의[5]는 어느 정도 악의 실체성을 인정하는 입장에서 다음과 같은 선악 일원론을 보여준다: "선은 악의 상대적인 명칭이며, 악은 선의 상대적인 이름이다. 그러므로 악이 없으면 선도 없고, 선이 없으면 악도 없게 된다. 이처럼 선한 것과 악한 것은 하나이며, 선한 마음과 악한 마음도 하나이다. …(중략)… 선 안에 악이 있으니 이를 '선악'이라 하며, 악 속에 선이 있으니 이를 '악선'이라 한다. 이 네 가지 곧, 선, 악, 선악, 악선은 하나이다."(稿本・自然眞營道)

적어도 상기 인용문에 한정해 보자면, 진사이보다 쇼에키의 선악관이 보다 세련된 것처럼 보인다. 하지만 진사이의 선악관은 그렇게 간

---

5) 안도 쇼에키는 상호연관성을 지니면서 서로 작용하는 상대적 성질을 '호성'이라고 불렀다. 안도 쇼에키의 '호성' 및 상대주의에 대해서는 (박규태, 1998) 참조.

단하지 않다. 진사이의 선악관을 깊이 이해하기 위해서는 '도'(道)와 '리'(理)에 관한 그의 해석방식에 주목하지 않으면 안 되기 때문이다. 진사이는 "도는 또한 길과 같다. 사람들이 왕래하고 통행하는 길과 마찬가지로, 사물이 통행하는 것을 일컬어 도라고 한다."(語孟子義)고 보았으며, 또한 리에 관해서는 "리는 사물의 조리(條理)"(童子問), "리라는 글자는 도라는 글자와 서로 가깝다. 도는 왕래하는 것을 말한다. 리는 조리를 말한다."(語孟子義), "주역에 이르기를 '리를 궁구하고 성(性)을 다함으로써 명(命)에 이른다.'고 했다. 이 때 리를 궁구한다는 것은 사물에 대한 궁구를 가리킨다."(語孟子義)고 하여, '도'와 '리'를 형이상학적이고 추상적인 개념으로서가 아니라 어디까지나 손으로 만질 수 있고 눈으로 볼 수 있는 형이하학적이고 구체적인 개념으로 이해하고자 했다.

여기서 진사이는 어떤 논리로써 형이상학적이고 추상적인 '리'개념을 비판한 것일까? 그는 '리'는 곧 '무극'(無極)이고 '태극'(太極)이라는 설 즉 리가 천지개벽 이전부터 존재했다고 보는 주장에 대해, "이는 상상의 견해일 뿐이다. 천지가 시작되기 전의 일을 그 누가 보았으며 그 누가 말할 수 있으랴? …(중략)… 그러니까 세상에 천지가 개벽되기 전에 태어난 사람은 있을 수 없고, 또한 수억 년을 산 사람도 있을 수 없으므로, 대체로 '리=무극=태극'설을 말하는 것은 모두 억측일 뿐"(語孟子義)이라 하여, 실제로 목격한 사람이 없으니까 '리=무극=태극'설은 신뢰할 수 없다고 잘라 말한다. 이는 일견 실증적 자세로 비쳐질 수도 있겠지만, 실은 주자학적 리와 같은 형이상학적 개념은 애당초 실증의 대상이 될 수 없으며, 이런 의미에서 진사이는 일종의 범주적 오류를 범하고 있는 것일지도 모른다.

어쨌거나 진사이는 선악에 대해 형이상학적·추상적인 이해를 배격하면서 오히려 형이하학적·구상적으로 선악을 파악하고자 했다. 가령 그는 "주희는 ≪집주≫에서 '성(性)은 사람이 하늘에서 품부받아 가지고 태어난 이치다. 혼연히 지극히 선하여 일찍이 악이 있지 아니하니, 성이 곧 리이다'라고 했다. 그러나 무릇 자취를 볼 수 있은 이후에 그것을 선이라고 말할 수 있다. 만약 자취를 볼 수 없으면 장차 무엇을 가리켜 선이라고 하겠는가? 이미 악을 볼 수 없으면 또한 선도 볼 수가 없다. 그러므로 비록 '혼연히 지극한 선이다'라고 말하지만 실상은 공허한 이름일 뿐이다."(語孟子義)라고 하여, 눈으로 확인할 수 있는 것만을 선악의 범주에 포함시켜야 한다고 강조했다. 진사이가 '본연지성'(本然之性)을 거부하고 다음과 같이 '기질지성'(氣質之性)만을 인정한 것도 이와 동일한 맥락을 가진다.

> "성(性)은 생(生)이니 사람이 타고난 그대로 더하거나 뺀 것이 없는 것이다. 예를 들어 동중서는 '성은 타고난 그대로의 자질'이라고 했다. 주돈이는 강한 선(剛善), 강한 악(剛惡), 유한 선(柔善), 유한 악(柔惡), 강하지도 않고 유하지도 않으면서 가운데에 위치한 것 등 성을 다섯 가지로 구분했다. …(중략)… 그런데 맹자가 또 그것을 선이라고 한 것은 대개 사람의 타고난 자질이 비록 만 가지로 같지 않지만, 선을 선으로 여기고 악을 싫어하는 것은 예나 지금이나 성인이나 어리석은 자나 한결같기 때문이다. 그렇다면 성은 기질을 떠나서 말한 것이 아니다"(語孟子義)

여기서 더 나아가 진사이는 "이연평은 '동과 정, 진과 위, 선과 악은 모두 대를 이루어 말한 것이니, 이는 세상에서 말하는 동과 정, 진과 위, 선과 악이요, 성에서 말하는 동과 정, 진과 위, 선과 악이 아니다. 애초에 악이 있지 아니한 이전에서 선을 구하면 성의 선함을 볼 수 있다.'고 했다. 그러나 이 말은 가장 의심스럽다. 어찌 세상에서 말하는 동과 정, 진과 위, 선과 악을 벗어나 별도로 동과 정, 진과 위, 선과 악이라는 것이 있겠는가? 만약 과연 그러한 것이 있다고 한다면 반드시 허견이 아니면 망견일 뿐이다. 그런데도 성의 선함이 애초에 선악이 있기 이전에 있다고 말한다면 이는 내 몸을 부모가 아직 낳기 이전에 구하는 것이니, 유학자의 이치에서 가장 벗어난 것"(語孟字義)이라 하여 선악의 선험성을 부정하면서 다음과 같이 선의 보편성을 주장한다.

> "무릇 선이라고 말할 때 그것은 반드시 악에 대한 선을 가리킨다. 선이 있고 악이 있는 것이 항상 그러한데도 그것을 극도로 미루어 나가면 반드시 선에 귀착하는 것은 무엇 때문인가? 사람의 성에 있어 강과 유, 선과 악이 서로 같지 않다는(어떤 이는 강한 선을, 어떤 이는 유한 선을, 어떤 이는 강한 악을, 어떤 이는 유한 악을 그 성품으로 가지고 있다는) 사실은 사람이면 누구나 알 수 있으며, 현자를 기다린 이후에 알 수 있는 것이 아니다. …(중략)… 비록 도적과 같이 지극히 불선한 자라 할지라도 언뜻 어린아이가 장차 우물에 들어가려는 것을 보면 깜짝 놀라 측은히 여기는 마음을 품게된다."(語孟字義)

이 때의 "선이란 다른 것이 아니라 정직을 가리킬 따름이다. 대개 정직하면 선하고 정직하지 못하면 악하니, 정직과 선은 별개의 것이 아니다"(語孟字義)라 하여, 정직이야말로 선의 유일한 기준임을 언명하고 있다. 그런데 이 정직이야말로 전술한 '성(誠, 마코토)의 윤리'와 밀접하게 연관된 덕목이다. 이런 '성의 윤리'는 진사이에게 있어 선과 악의 가치판단을 오직 리만 가지고 재단하지 않는 '차이의 윤리'를 의미하는 것이기도 했다.

> "송대의 유학자들은 리(理)라는 단 한 글자를 가지고 천하의 일을 헤아릴 수 있다고 생각했다. …(중략)… 이처럼 오로지 리에만 의거하여 재단할 때는 잔인하고도 각박한 마음이 앞서기 쉽고 그와는 반대

> 로 관대하고 여유로우며 인자하고 후한 마음은 적어진다. …(중략)… 그들은 자기를 지키는 데에는 매우 강고하고 다른 사람을 책망하는 데에는 매우 신랄하다. 그런 사고의 습관은 가슴속 뼈속까지 스며들어 사람을 각박하게 만들어 버린다. 오로지 리라는 글자를 주장하는 폐단이 여기에 이를 뿐이니 참으로 슬프도다."(童子問)

이 유명한 글귀에서 엿볼 수 있듯이, 진사이는 '본연지성'의 자각을 상대방에게 강요하는 주자학에 대해 '잔인각박'하다고 비판하는 한편, '기질지성'에 속하는 '친 · 의 · 별 · 서 · 신'(親義別敍信)에 대해서는 "이 다섯 가지는 그것이 사랑(愛)에서 나온 것이라면 참되고, 사랑에서 나오지 않은 것이라면 거짓되다"(童子問)고 하여, '사랑의 절대성'을 내세우고 있다. 그러나 이와 같은 사랑은 '리를 배제한 사랑'에 다름 아니다. 그런 사랑이 과연 얼마만큼 사랑의 보편성을 담지할 수 있는지에 대해서까지 고민한 흔적은 진사이에게 보이지 않는다.

4. 선악의 피안: 모토오리 노리나가와 선악의 역설

유교의 안티테제로서 성립된 국학을 집대성한 모토오리 노리나가(本居宣長, 1730~1801)의 선악관은 기본적으로 신도의 상대주의적 선악관에 기초한 것으로 보인다. 신도의 선악관을 생각할 때, 무엇보다 '이미'라는 말을 이해할 필요가 있다. '이미'라는 일본어는 일종의 신성관념을 나타내는 말인데, 거기에는 청정한 것을 특별시하여 격리하는 '이미'(齋)와, 부정한 것으로부터 격리시키는 '이미'(忌)라는 의미가 동시에 내포되어 있다. 세계의 다양한 문화권에서 공통적으로 발견되는 금기의 이중성, 즉 성스럽기 때문에 금기가 되는가 하면, 한편으로 부정하고 위험하기 때문에 금기가 되기도 한다는 이중성에 관해서는 이미 종교학이나 문화인류학 등에서 널리 밝혀진 바 있다. 예컨대 루돌프 옷토(R.Otto)가 말하는 신성관념 즉 '누미노제'(Numinose)에도 대립적이고 이질적인 요소가 공존하고 있음을 상기해 보라.

마찬가지로 고대 신도의 관념인 '이미'에서도 이질적인 요소들의 공존이 두드러진다. 하지만 '이미'의 경우는 단순한 공존이라기보다는 상반된 두 요소인 청정관념과 부정관념이 일종의 생명력에 대한 특이한 감수성을 매개로 하여 가치관을 반전시키면서 연결된다고 하는 특징을 보여준다. 바로 이와 같은 '이미' 관념에서 우리는 전형적인 신도적 선악관념을 엿볼 수 있다. 그러니까 일본 신도에서 선과 악은 어떤 절대적인 실체를 가지는 개념이라기보다는 깨끗하다든가(청정) 더럽다든가(부정) 하는 관념에 더 가까운 것이라는 말이다. 생명력이란 시간이 흐르면서 필연적으로 쇠퇴하게 마련이다. 일본 신도에서는 그와 같은 생명력의 쇠퇴를 부정한 것 즉 일종의 악으로 간주한다. 하지만 그 악은 고정된 개념이 아니다. 쇠퇴한 생명력은 마츠리(祭)라든가 '하라이'라고 불리는 신도 정화의례를 통해 회복되어야 할 것으로 여기기 때문이다. 요컨대 신도에 있어 선악이란 깨끗함(청정)과 더러움(부정)의 순환관계에서 이해되고 있다. 후술할 신종교의 생명주의적 세계관에서와 마찬가지로 신도에서는 더러운 것(악)을 씻어내어(하라이) 깨끗함을 되찾아 본래의 생명력으로 돌아가는 것이 곧 선이라고 간주된다.

이처럼 신도에 있어 선과 악이란 어떤 실체를 가진 고정된 개념이 아니라 어디까지나 상대적이고 순환적인 개념일 뿐이다. 이 점에서 신도의 선악관은 지극히 낙관적이라고 말할 수 있겠다. 거기에는 도덕을 넘어서는 생명력에 대한 원초적인 신앙이 깔려 있다. 다시 말해 신도적 선악관념은 반드시 도덕적 가치에 의존하지는 않는다. 예컨대 신도의 '가미'(神)는 통상 도덕적인 선악에 구애받지 않는 존재로 상정된다. 이는 일본의 가장 전형적인 신관념을 서술한 것으로 말해지는 노리나가의 다음과 같은 가미 정의에 잘 나타나 있다.

> "무릇 가미란 고전문헌에 나오는 천지간 신들을 비롯하여 그런 신을 모시는 신사에 깃든 영들을 가리킨다. 또한 인간을 비롯하여 조수초목(鳥獸草木)과 해산(海山)에 있어 특히 진귀하고 심상치 않게 뛰어난 덕(德)을 지닌 두려운 존재를 가미라 한다. 여기서 뛰어나다는 것은 존귀하고 선하고 공덕이 있어 뛰어나다는 것만을 뜻하지 않는다. 악하고 기괴한 것이라 할지라도 뛰어나고 두려운 것이면 무엇이든 가미라고 한다."(古事記傳)

여기서 말하는 '덕'은 도덕적인 개념이라기보다는 선악을 넘어선 가미(神)의 은덕을 의미한다. 이처럼 도덕과는 무관한 선악 관념을 이하에서는 '선악의 피안'이라는 말로 적고자 한다. 노리나가는 신도적인 상대적 선악관에 입각하면서 거기서 더 나아가 '선악의 피안'으로부터 인간과 세계를 이해하고자 했다. 노리나가에 의하면, "하늘과 땅 사이의 모든 것은 선한 것이든 악한 것이든 가미의 마음에서 생겨난 것"(石上私淑言)으로, 이 때 가미(神)는 "선한 가미도 있고 악한 가미도 있어 …(중략)… 하나의 기준으로 규정하기 어렵다."(くず花) 말하자면 가미란 유교의 성인이나 기독교의 하느님과는 달리 전적으로 선한 존재는 아니며, 세상의 모든 악은 그런 가미에게서 비롯된 것이다. 나아가 노리나가는 "세상만사는 모두 가미의 조화이다. 따라서 현사(顯事)는 결국 유사(幽事)에 다름 아니다. 다만 차이가 있다면, 비유컨대 가미는 인간처럼 움직이고 인간은 머리와 팔다리가 있는 인형처럼 움직인다는 점이다."(玉くしげ)라고 하면서, 세계와 인생을 한 편의 '꼭두각시 인형극'으로 보고 있다. 그 연극무대 위의 춤추는 인간들은 '선하든 악하든' 가미와 천황과 윗사람에게 무조건 복종하며 살아야만 한다는 것이다. 마루야마 마사오는 이런 '선하든

악하든'의 논리를 '홉스적 실증주의'(마루야마 마사오, 1995: 409쪽)[6] 라고 불렀다.

이런 노리나가에게 있어 선악의 역설은 그가 '선악의 피안'에서 세상을 움직이는 힘을 보려 했다는 점에 있다. 꼭두각시 인형에 불과한 인간에게는 선악을 넘어서는 그 힘을 판단할 자격이 없다. 인간에게 허락되어 있는 것은 다만 절대적인 복종의 길 뿐이며, 그런 '가미의 길'(神道) 위에서 마코토(誠)라든가 마고코로(眞心)[7] 혹은 모노노아와레(物哀れ)[8]의 심정적 자유를 누릴 수 있을 따름이다. 하지만 그 대가로서 일본인의 사유세계는 노리나가가 '가라고코로'(漢心)라고 부른 타자의 상실을 경험할 수밖에 없었다.

5. 본래 악이란 없다: 신종교의 생명주의적 세계관에 있어 악의 역설

전술한 이토 진사이의 일원론적 선악 이해는 한마디로 악의 실체성을 부정하는 입장이라 할 수 있다. "기(氣)에는 선악이 있지만 마음(心)에는 선만 있고 악이 없음이 분명하다."(三德抄)고 말한 주자학자 하야시 라잔(林羅山, 1583~1657)의 입장도 마찬가지이다. '본래 악이란 없다'는 이런 옵티미즘적 발상은 일본의 정신사에서 비교적 친숙한 개념이다. 신도의 경우에도 악은 생명력의 쇠퇴 곧 탁해진

---

6) 질서의 타당성은 진리, 선, 정의와는 전혀 관계없다는 논리.

7) 노리나가는 중국풍(외국풍)의 잘난 체하는 마음 즉 가라고코로(漢心)와 대비하여 일본 고유의 신도 정신을 인간의 본래적 마음 즉 마고코로(眞心)라고 칭한다. 이는 전술한 마코토(誠)와 상통하는 개념이다.

8) 노리나가는 헤이안시대 이래 일본문학의 주요한 미학적 개념이었던 모노노아와레를 재해석하여 그것을 "사물의 마음을 헤아려 아는 것"(石上私淑言)이라고 정의내린다. 그에 의하면, 와카(和歌)의 미학 원리로 제시된 이 "모노노아와레를 아느냐 모르느냐가 선악의 중요한 관건이 된다."(紫文要領)

상태를 뜻할 뿐, 절대적인 악의 실체가 말해지지는 않는다(박규태, 1997: 247~249쪽).

이와 같은 사유 경향은 일본 신종교에서 매우 구체적인 형태를 띠고 나타난다.[9] 일본 신종교의 교리에서는 일반적으로 우주 혹은 가미(神)와 동일시되는 '근원적 생명'이라 할 만한 신앙 대상이 중요시된다. 종교학자들은 이런 세계관을 '근원적 생명'과의 조화를 추구하는 '생명주의적 세계관'(對馬路人他, 1979)이라고 부르기도 한다. 그와 같은 생명주의적 세계관에 의하면, 선이란 우주가 생명력(활력)에 가득 차 있어 전체가 조화를 이루는 상태를 가리키며, 이에 반해 악이란 생명의 부정 즉 우주만물이 활력과 조화를 잃어버림으로써 생성력이 쇠약해지고 그 결과 '근원적 생명'의 발현과 개화가 저해되는 상태를 지칭한다. 그러니까 본래 악이란 존재하지 않으며, 쇠퇴한 생명력과 상실한 조화를 회복하기만 하면 모든 악은 저절로 사라지게 된다는 것이다.

일본 종교사에서 본격적인 신종교 시대의 출발점을 이룬 천리교(天理教)[10]의 경우를 예로 들어 보자. 천리교의 '여덟 가지 먼지'에 관한 교리에 의하면, 인간의 마음에는 서운해하는 마음, 소유욕, 증오, 편애, 원한, 성마름, 욕망, 교만한 마음 등의 여덟 가지 먼지가 끼기 쉬우며, 이 먼지들이야말로 온갖 질병과 불행의 원인이므로 마음에 낀 먼지를 깨끗이 털어 내면 악이란 저절로 사라질 거라는 것이다. 말하자면 이는 악이란 일종의 먼지 같은 것으로서 털어 내면 그만이고 본래 악이란 존재하지 않는다는 발상이다. 일본 신종교 사상과 수행체계에 널리 엿보이는 이런 옵티미즘적인 발상은 흔히 현세중심주의적 사유와 맞물려 있다.

---

9) 일본 신종교의 역사 및 특성에 관해서는 (박규태, 1996) 참조.

10) 1838년 나카야마 미키(中山みき)라는 농촌 여성에 의해 창립된 교단으로 현재 텐리(天理)시에 본부가 있으며 신자수는 약 189만명(교단통계).

6. 악에 철저하면 선이 된다 : 오옴진리교 사건과 악의 역설

오옴진리교는 그와 같은 현세중심주의에서 벗어 나와 현세부정적인 경향을 표출하는 이른바 '신신종교'[11]의 전형적 교단이라고 말해진다. 오옴진리교의 신자들은 '본래 악이란 없다'라는 악의 역설을 다시 한번 전도시켜 '현대세계는 악마의 에너지 즉 큰 악이 지배하고 있다'는 종말론[12]을 내세우면서 '큰 악을 작은 악으로 없앤다'는 포아적 역설에 기대어 마침내 1995년 도쿄 지하철에 사린 독가스를 살포하는 무차별적인 폭력을 노출시켰다.

오옴진리교에는 '포아'의 교의라는 것이 있다. 여기서 '포아'란 원래 의식의 변형(transform) 즉 고차원의 의식 영역으로의 전이를 뜻하는 티벳 밀교용어인데, 교조 아사하라 쇼코(麻原彰晃, 1955~현재)는 1989년 이후 이와 같은 '포아'의 기법을 신체적 관점에서 재해석하여, 고차적 의식 상태에 도달한 수행자가 낮은 의식 상태의 제자를 물리적으로 폭행하거나 심지어 살해하는 행위까지도 정당화하는 발언을 하기 시작했다. 이 포아의 교의는 오옴 교단에서 '카르마 오토시'(カルマ落とし)라는 핵심교의에 의해 뒷받침되었다. 여기서 '카르마 오토시'란 폭력을 통해 나쁜 카르마(악업)를 제거한다고 하는 아시하라의 발상을 가리킨다. 이런 발상은 절대적인 구루(지도자, 스승)에게 선악을 초월한 구제의 능력이 있음을 시사한다. 즉 구루처럼 고차적 의식상태에 도달한 자는 타자에게 어떤 폭력을 행사해도 통상

11) 예수의 방주, (구)통일교회, 진여원, 아함종, 행복의 과학, 오옴진리교 등 특히 1970년대 이후에 성립 발전한 새로운 유형의 신종교 교단들을 지칭하는 용어. (島薗進, 1992) 참조.

12) 아사하라는 미일 경제마찰, 후지산 폭발, 태평양 지진대의 이상징후, 아마겟돈(최종전쟁, 3차세계대전) 등에 관한 종말론적 예언을 남발했다. 오옴 교단의 천년왕국주의적 종말론에 관해서는, (島薗進, 1997 : 70~88쪽) 참조.

적인 도덕에 의해 정죄될 수 없다는 것이다. 오히려 '포아의 폭력'은 상대방을 구제하기 위한 적극적인 수단으로 간주되기까지 한다. 이처럼 선악을 넘어선 초인의 윤리가 오옴 교단으로 하여금 모든 악을 정당화시키는 결정적인 기제로 작용했음은 말할 나위 없다(박규태, 2000: 135쪽).

이와 같은 포아의 사상은 윤리적 역설을 적나라하게 보여 준다. 악을 철저화하면 선이 된다는 역설이 그것이다. 오옴 신자들은 자신들의 행위가 악이라는 사실을 잘 알고 있었을 것이다. 하지만 그들은 원리적으로 추구된 악은 윤리적일 수 있다고 생각했다. 세속적으로는 악이지만 대국적인 견지에서는 선이라는 것이다. 이런 초윤리적인 확신이 있었기 때문에 그들은 가장 태연한 얼굴, 동요되지 않는 차분한 눈빛으로 서슴없이 무차별 테러를 감행할 수 있었을 것이다. 나카무라 유지로의 표현을 빌자면, 이런 악의 역설에 입각하여 자행된 오옴 사건은 "악에 대한 무감각"이라는 일본 종교성의 취약점을 노정시켰다(中村雄二郎, 1998: 177쪽).

하지만 그렇다고 해서 이는 일본인이 비윤리적 혹은 반윤리적이라는 것을 뜻하지 않는다. 이 때의 '악에 대한 무감각'이란 '악에 대한 무지'라기보다는 '악에 대한 역설적 감각'에 더 가깝다고 말해야 할 것이다. 일본종교와 사상 및 문화에 있어 악의 역설은 결코 단순하지 않다. 원리적인 것이 결여된 마코토(誠)의 문화, 선악의 기준이 애매한 하지(恥)의 문화, 불가지론에 빠지기 쉬운 신란의 악인정기설, 리없는 사랑의 보편성이 가능하다고 믿었던 진사이의 일원론적 선악관, 철저한 타자부정이 수반된 노리나가적 선악의 피안, '본래 악이란 없다'는 신종교의 생명주의적 세계관이 보여주는 극단적인 낙관주의, 나아가 '악에 철저하면 선이 된다'고 확신했던 오옴교단의 폭력성에 이르기까지, '악의 역설에 관한 일본적 감각'은 실로 극단적인 페시미즘과 극단적인 옵티미즘 사이에서 끊임없이 흔들리고 있다. 어쩌면 그런 복잡성과 애매성이야말로 악의 문제의 본질에 보다 가까운 것일지도 모르겠다. 하지만 우리는 타자의 문제와 결부시키면서 다시 한 번 '그것이 어떤 악의 역설을 구성하는지'에 대해 되물어야 한다.

7. 악의 역설과 타자, 그리고 신정론

원래 역설이란 현실과의 격렬한 긴장을 수반하기 마련이다. 모순과 역설에 대한 예민한 감각은 우리를 현실로부터 도망치게 만드는 대신, 오히려 현실과의 정면 대결을 통한 자기성찰을 가능하게 함으로써 결과적으로 우리를 더욱 창조적으로 주조해 내기도 한다. 괴테의 금언대로 "모순은 우리를 창조적으로 만든다." 하지만 마루야마 마사오에 의하면, 우키요(浮世) 관념이 생활 속에 배어 있는 일본의 경우는 역설이 역설로서 작용하지 않고 오히려 현실에의 순응으로서 기능하기 십상이다. 요컨대 일본의 정신적 무대와 문화적 풍토에서는 역설이 현실과의 격렬한 긴장감을 수반하지 않는 경우가 많다는 것이다(마루야마 마사오, 1998: 69쪽).

가령 서구세계에 일본의 선불교를 널리 소개한 스즈키 다이세츠는 이차대전 중 일본군 병사들이 "자신이 칼에 찔려 죽을 때도 나무아미타불, 적군을 죽일 때도 나무아미타불, 소극적인 부정을 할 때든 적극적인 긍정을 할 때든 언제나 염불을 외었다."(鈴木大拙, 1972: 193~194쪽)는 사례를 들면서, 거기에는 "모순이 해소되지 않은 채 그대로 남아 있다. 그러나 그렇게 남겨진 모순은 이전의 모순이 아니다. 그것은 상즉상입성(相卽相入性)을 띤 모순이다. 바로 그것이 나무아미타불이다."(같은 책, 246쪽)라고 말한다. 여기서 그는 악을 하나의 숙업으로 타고 난 범부들이 모순을 모순 그대로 받아들여 그것을 살아감으로써 윤리를 초월하는 '일본적 영성'의 특수성을 보았다.

(박규태, 2000: 149쪽).

이와 같은 '일본적 영성'의 정신상황은 앞서 언급했듯이 일본문화에 있어 일원론적 혹은 상대주의적 선악관과 밀접하게 연관되어 있다고 보인다. 예컨대 교토학파의 대부격인 철학자 니시다 기타로는 ≪선의 연구≫에서 "세상에는 절대적인 진 · 선 · 미도 없고 절대적인 위 · 추 · 악(僞 · 醜 · 惡)도 없다. 위 · 추 · 악이란 항상 사물의 일면만을 추상적으로 보고 전체를 알지 못한 채 한쪽에 치우침으로써 전체적 통일성을 결여한 곳에 나타나게 된다."(西田幾多郞, 1950: 177쪽)고 하면서 "우주의 본체와 융합하고 신의 뜻과 합치되는 것이 곧 참된 자기를 아는 것이며, 그것이야말로 '참된 선"(같은 책, 180쪽)이라고 적고 있다. 이처럼 악의 실체를 인정하지 않은 채 선을 규정하는 니시다가 "원래 세상에는 악이란 없다. 신에 의해 창조된 자연은 모두가 선이며, 다만 본질이 결여된 것이 악이다. 또한 신은 아름다운 시와 같이 대립으로써 세계를 장식했고, 그림자가 낮의 아름다움을 더하듯이 달관할 때에는 죄를 지닌 채로 아름다울 수 있다."(같은 책, 177쪽)고 하여 악의 역설을 시적으로 묘사하고 있는 것은 일면 자연스러운 귀결이었을 것이다. 니시다의 제자인 니시타니 케이지(西谷啓治) 또한 ≪종교란 무엇인가≫에서 "인간의 악의 행위도 신의 전능안에 있다"고 하여 신과 인간의 관계를 '절대부정이자 절대긍정'의 관계로 파악하면서 신란과 유사한 음색으로 인간은 악한 그대로 구제받는다고 여겼다(西谷啓治, 1961: 51쪽).

일본의 정신적 풍토에는 확실히 이런 '일본적 영성'의 특수주의에 입각한 선악관념 혹은 "절대적인 선도 없고 절대적인 악도 없다."(西田幾多郞, 1950: 177쪽)고 하는 상대주의적 선악 관념이 밑그림으로 그려져 있다. 그런 밑그림은 한편으로 문화적 유연성을 확보시켜 주는 요인임에 틀림없다. 하지만 다른 한편으로 거기에는 현실과의 긴장감을 수반하지 않는 역설 혹은 모순을 모순 그대로 받아들이는 태도를 조장함으로써 자기와의 반성적 대결을 약화시킬 위험성이 내포되어 있는 것도 사실이다. 오옴 사건은 어쩌면 그와 같은 밑그림 위에 원색으로 거칠게 덧그려진 실패작이었을 지도 모른다(박규태, 2000: 149쪽). 일본문화에 있어 악의 역설은 바로 이런 특징을 보여준다.

타자의 문제에 대해 진지하게 물어보아야 하는 지점이 바로 여기이다. 첫째, 일본적 악의 역설은 종종 타자의 존재를 자기와 안이하게 동일시하거나 혹은 타자를 희석화시키거나 아니면 때로는 타자 배제를 조장하기 십상이다. 일본의 모성적 장의 윤리가 궁극적으로 지향하는 바가 '타자 없는 장'이다. 그 장 안에서 타자는 용납될 수 없는 이물질이다. 그 장 안에 완벽하게 동화되는 한 모든 타자는 어머니 품 안에 있는 것처럼 안전하다. 그러나 그렇지 않은 타자는 장 바깥으로 튕겨 나갈 수밖에 없다. 때문에 장의 구성원들은 스스로 타자가 되지 않으려고 부단히 애쓰며 개인보다 자신이 속한 장(공동체)을 우선시하는 의식을 내면화하지 않으면 안 된다. 그럼으로써 비로소 일본인이라는 아이덴티티를 확인할 수 있게 된다.

이처럼 주어진 장과 하나가 되는 길 외에도, 아이덴티티를 확인하는 방법이 또 있다. 그것은 타자를 배제함으로써 가능한 방법이다. 이와 관련하여 굳이 신국론적 국체관에 입각한 타자지배의 정치적 역사를 일일이 열거할 필요는 없을 것이다. 그러나 정도의 차는 있겠지만 타자배제 혹은 타자지배를 통해 자기 아이덴티티를 확인하고자 하는 태도는 인류사에 있어 일반적으로 발견된다. 다만 일본의 경우는 신국관념과 결부된 자민족중심주의 내지 내셔널리스틱한 일본주의적 발상에 있어 종종 타자로서의 이웃나라에 대해 모든 악을 투사함으로써 타자를 실체적인 악으로 간주했다는 점은 주목할 만하다.[13]

둘째, 일본적 악의 역설에서는 초월적 타자 혹은 형이상학적 타자

---

13) 일본의 신국관념에 대해서는, (박규태, 2006) 참조.

의 존재를 인정하지 않으려는 경향이 강하게 나타난다. 물론 이 때의 타자는 반드시 외부성으로서의 절대타자만을 뜻하지는 않는다. 천이나 리와 같이 추상적으로 내재화된 초월적 타자도 포함된다. 그런데 일본적 악의 역설에서는 이런 타자가 부재한다는 특징을 말할 수 있겠다.

셋째, 그 결과 일본적 악의 역설에서는 신정론이 발달할 수 없었다. 서양에 있어 신정론은 절대 타자로서의 신을 전제로 발달했다. 이에 비해 절대 타자를 인정하지 않는 일본문화에서는 신정론이 발달할 여지가 없었다. 서구 유대기독교적 전통에서의 신정론이란 절대적으로 선한 신이 세상을 창조했는데 왜 악이 존재하느냐 하는 의문에서 시작되어 결국 신의 정당성을 변호하는 것으로 끝난다. 거기에는 타자와의 대결 가능성이 함축되어 있다. 물론 신정론을 광의에 있어 '실재하는 악과 고통의 문제'로 규정한다면, 일본에 있어서도 신정론을 말할 수 있을 것이다. 그 인상적인 사례를 모토오리 노리나가의 다음과 같은 말에게서도 찾아볼 수 있다.

> "천명이 있다면 모든 사람들에게 선악의 징조를 보여주어, 선인은 오래오래 복을 받고 악인은 즉각 벌을 받아야 마땅할 것이다. 그러나 현실은 선한 사람이 흉사를 당하고 악한 사람이 잘되는 경우가 예나 지금이나 비일비재하다. 만일 참으로 천명이란 것이 있다면 그런 어처구니없는 일이 일어날 수 없을 것이다."(古事記傳)

여기서는 세상이 천명 즉 리(理)에 따라 돌아가지는 않는다는 점, 현실에는 선인이라 해도 억울한 일을 겪고 오히려 악인이 잘되는 경우가 많다는 점을 지적하면서, 이른바 '세계의 불완전성'을 상기시킴으로써 분명하게 신정론의 문제를 제기하고 있다. 이에 대해 노리나가는 그런 부조리함의 원인을 전적으로 마가츠비(禍津日神)라는 악

신의 탓으로 돌린다. 문제는 그 다음에 전개되는 논리에 있다. 즉 노리나가는 한편으로 일본신화 판테온의 최정점에 위치하는 위대한 선신 아마테라스(天照大神)와 다카미무스비(高御産巢日神)조차 악신을 제어할 수 없는데, 하물며 인간은 어쩔 도리가 없다고 말한다. 하지만 다른 한편으로 그는 나호비(直毘神)라는 선신의 활동에 의해 악신 마가츠비가 초래한 악한 상황(가령 가라고코로의 침투)이 바로 잡힐 것이라는 강한 기대를 표출하고 있다. 나아가 "이 악신 마가츠비가 아무리 날뛴다 한들, 결국에는 선신을 이길 수는 없음이 자명하다"(くず花)고 하여, 악신에 대한 선신의 궁극적인 승리를 확신하고 있다. 이와 같은 양면성은 '체념의 긍정'과 '체념의 거부', 수동성과 능동성, 페티시즘과 옵티미즘 사이에서 끊임없이 흔들리는 가운데, 원리적인 것을 지니지 못한 노리나가적 신정론의 자기분열적인 측면을 단적으로 보여준다.

8. 나오는 말

불교학자 나카무라 하지메는 ≪일본인의 사유방법≫에서 "유한하고 특수한 인간조직을 절대시하는 일본인의 정신적 경향은 자연히 보편적인 인륜의 법을 무시하는 경향으로 빠지기 쉽다. 즉 언제 어디서든 인간이 지켜야만 할 법이 존재한다는 사실을 무시한 채, 자신이 소속된 인간조직의 현재상황에 적합한가 아닌가가 그대로 선악 결정의 기준이 되어 버린다."고 하여, 보편적 '리'(원리)를 부정한 채 개별적이고 특수한 '사'(事, 현상)을 절대시하지 말고 앞으로는 그 '사'를 통해 보편적 '리'를 찾아내는 데에 보다 노력해야 한다는 반성적 과제를 던지고 있다(中村元, 1989).

이에 비해 한국의 경우는 이제부터 '리'를 통해 '사'를 추구할 필요가 있다고 보인다. 하지만 실은 '사'와 '리'는 동전의 양면 같은 것일지도 모른다. 이런 의미에서 한국과 일본은 상호 반면교사와 같은 존재가 아닐까? '사'와 '리', '선'과 '악', '자기'와 '타자' 등은 옳고 그름을 가리는 시비의 대상이라기보다는 궁극적으로 균형의 문제에 속해 있다고 여겨지기 때문이다. 만일 이 점을 인정한다면, 우리는 일본의 종교문화에 있어 '악의 역설'을 다름 아닌 타자의 문제로서 다시 읽어야 할 필요가 있다. 왜냐하면 균형이 깨진 상태야말로 경계해야만 할 악이자 추방해야만 할 타자이기 때문이다.

확실히 '타자'는 종교를 비롯한 오늘날의 문화현상을 분석함에 있어 무시할 수 없는 개념장치가 되고 있다. 일본문화에 대한 담론에서도 그러하다. 세계사적으로 볼 때 통상 19세기가 제국주의적 정복의 시대였다면, 20세기는 그것과 중첩되는 경제의 시대, 그리고 21세기는 실로 문화의 시대라고 말할 수 있겠다. 그렇다면 이런 문화의 시대를 잘 꾸려나가기 위해 요청되는 태도란 어떤 것일까? 그 첫 번째는 무엇보다 '순수한 문화'라는 환상으로부터 가능한 한 자유로워지고자 하는 태도일 것이다. 즉 '한국문화의 순수성'이라든가 '일본문화의 특수성' 등과 같은 말은 결코 절대적인 의미를 가질 수 없는 표현이다. 문화란 항상 상호성을 전제로 하는 관계성에서 형성되는 것이므로. 또 다른 하나는 '문화의 외부성'에 대한 자각이다. 모든 문화는 타자(타문화)에 의해, 타자를 위해, 그리고 타자와의 만남을 통해 타자 앞에 열려질 때 비로소 참된 문화로서 모습을 드러낼 수 있다. 달리 말하자면, 문화의 내부성(고유성, 순수성, 특수성)이란 해당문화의 외부성이 유지됨으로써만 가능한 것이다. 어떤 문화의 불변의 고유성이라든가 실체를 가진 것이라고 주장되는 순간에 그 문화가 지닌 외부로서의 타자성은 사라지고 만다. 타자란 본질, 실체, 고유성 등에 의해 규정될 수 없는 그런 것이기 때문이다. 타자는 끌어안아야 할 사랑과 이해의 대상임과 동시에 투쟁의 대상이기도 하다. 또한 타자는 자기 바깥의 어떤 대상임과 동시에 자기 안에 내장되어 있는 자기의 일부이기도 하다. 이런 의미에서 우리는 끊임없이 타자와의 화해를 꿈꾸지 않을 수 없는 것이다.

참고 문헌

루스 베네딕트(1991), 김윤식외 옮김, ≪국화와 칼≫, 을유문화사.

마루야마 마사오(1998), 김석근 옮김, ≪일본의 사상≫, 한길사.

마루야마 마사오(1995), 김석근 옮김, ≪일본정치사상사연구≫, 통나무.

박규태(2006), <신국 일본의 계보>, 서울대종교문제연구소 편, ≪종교와 역사≫.

박규태(2005), ≪상대와 절대로서의 일본≫, 제이앤씨.

박규태(2000), <오옴진리교 사건에 비추어본 일본문화와 '악의 문제'>, 단국일본학연구회, ≪일본의 언어와 문학≫ 제6집.

박규태(1998), <安藤昌益의 상대주의적 사유>, 서울대종교문제연구소, ≪종교와 문화≫ 제4호.

박규태(1997), <일본신도에 있어 선악의 문제 : 모토오리 노리나가를 중심으로>, 서울대종교문제연구소, ≪종교와 문화≫ 제3호.

박규태(1996), <일본종교의 현세중심적 에토스 : 막말기 신종교를 중심으로>, 서울대종교학연구회, ≪종교학연구≫ 제15집.

이용주(1997), <인간의 고독과 절대자 : 탄이초와 일본적 정토신앙>, 서울대 대학원 1997년 2학기 <신도와 일본문화> 강좌레포트.

安藤昌益研究會編(1982), ≪安藤昌益全集≫ 2, 農文協.

家永三郎他校注(1966), ≪日本古典文學大系97 近世思想家文集≫, 岩波書店.

大野晋他編(1968~77), ≪本居宣長全集≫, 筑摩書房.

中村元(1989), ≪日本人の思惟方法≫, 春秋社.

中村雄二郎(1998), ≪日本文化における惡と罪≫, 新潮社.

西田幾多郎(1950), ≪善の研究≫, 岩波文庫.

西谷啓治(1961), ≪宗教とは何か≫, 創文社.

對馬路人他(1979), <新宗教における生命主義的救濟觀>, ≪思想≫ 665.

相良亨(1989), ≪日本の思想≫, ぺりかん社.

佐藤正英(1994), ≪新註歎異抄≫, 朝日新聞社.

島薗進(1992), ≪新新宗教と宗教ブーム≫, 岩波ブックレット.

島薗進(1997), ≪現代宗教の可能性: オウム眞理教と暴力≫, 岩波書店.

鈴木大拙(1972), ≪日本的靈性≫, 岩波文庫.

吉川幸次郎他校注(1971), ≪日本思想大系33 伊藤仁齋・伊藤東涯≫, 岩波書店.

1930년대 후반 井觀 金復鎭의 불상 양식과 사상에 관한 再考

최선일 | 인천국제공항 문화재감정관실 감정위원

Ⅰ. 머리말

우리나라의 근대조각은 井觀 金復鎭(1901~1940)이 東京美術大學 彫刻科를 졸업하고 귀국한 1920년에 시작되었다고 보아도 틀리지 않을 것이다.[1] 이는 김복진이 제작한 작품들이 근대 이전의 조각과 재료, 소재, 기법 면에서 많은 차이가 나기 때문이다. 근대 이전의 조각은 독자적인 영역을 구축하지 못하고, 전통적인 재료인 나무, 돌, 금속 등을 사용하여 사찰의 佛像, 陵墓의 石人·石獸, 마을의 장승 등을 공동으로 제작한 반면에 근대 조각은 작가의 조형감각을 바탕으로 석고나 시멘트를 사용하여 인체 등을 사실적으로 표현하였다.

1) 정관 김복진에 대한 연구는 사후 40여년이 지난 1982년 이경성 선생님에 의하여 처음으로 시작되었고, 1990년대 전반부터 그의 작품이 발굴됨에 따라 본격적인 연구가 진행되었다(이경성 外, 『김복진의 예술세계』, 얼과 알, 2001; 최열, 『힘의 미학 김복진』, 재원, 1995). 김복진이 신문과 잡지 등에 기고한 글과 유족 및 제자들의 글이 한 권의 책으로 발간되어 기초자료가 마련되었다(김복진 저, 윤범모·최열 편저, 『김복진 전집』, 청년사, 1995).

김복진의 귀국과 작품 활동은 1925년 제4회 조선미술전람회(以下 鮮展) 2부에 조각부가 새롭게 신설되는 중요한 계기가 되었다. 그러나 조각부에 출품된 작품 수가 회화의 1/10 정도밖에 되지 않는 것은 작가들이 조각에 쉽게 접근하지 못하였음을 알려주는 것이다. 또한 1928년 김복진이 조선공산당 사건으로 구속되면서 鮮展 조각부 전시회는 작가의 부재로 인한 작품의 질적 하락으로 많은 비판을 받았다.[2)]

김복진은 귀국 후에 다양한 사회변혁운동을 하면서도 鮮展이나 帝展

圖1. 여인입상, 1924년 5회 제국미술전람회 출품

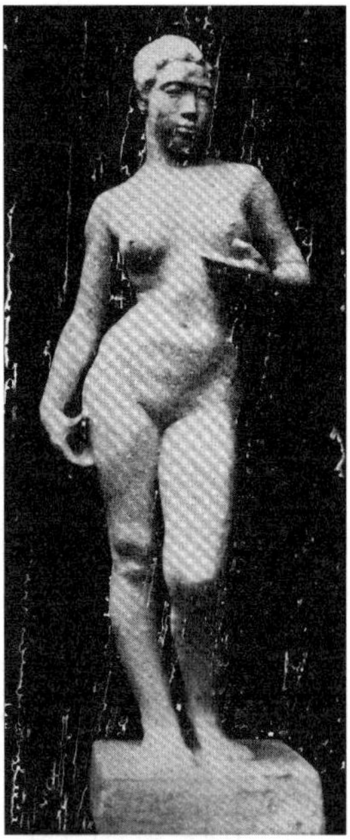

圖2. 입녀상, 1926년, 7회 제국미술전람회 출품

---

2) 조선일보에 1931년 5월 28일부터 6월 10일까지 총 12회 연재된 第十回 朝美展評에 "… 조선에 있어서는 과거에 김복진 씨나 구본웅 씨의 출품시대가 오히려 便이었고, 昨今에 이르러서는 그 貧弱이 道를 지나서 彫刻이라 命名도 疑問일 만큼 …"이라고 혹평을 받았다(韓國美術研究所 編, 「朝鮮美術展覽會 記事資料集」, 『미술사논단』 8호 별책부록, 시공사, 1999 상반기, 276쪽).

등에 학창시절에 배운 인체조각을 주로 출품하였다(圖1~3).

그는 1928년 조선공산당 사건으로 서대문형무소에 투옥되면서 형무소 목공소에서 불상을 제작하기 시작하였고, 1935년 석방된 후에는 미술연구소를 설립하여 후진 양성과 다양한 형태의 작품을 만들었다.[3] 그 중에 불교조각은 1935년 충청남도 공주 신원사 소림원 석고미륵불입상, 1936년 전라북도 김제 금산사 소조미륵불입상과 조선미술전람회 출품 <불상습작> 및 서울 영도사(현 개운사) 석가모니불, 1939년 충청남도 예산 정혜사 석고관음보살좌상과 충청북도 청주 용화사 불상(미완성) 및 충청북도 보은 법주사 미륵불입상(미완성) 등이 있다. 이 가운데 신원사 소림원 석고여래입상, 금산사 소조

圖3. 白花, 1938년
2회 문부성미술전람회 출품

3) 그의 동생 김기진에 의하면 "그의 유작은 전신 동상 4, 반신 동상 3, 미륵불상 2(안에 미완성 1), 조소 13, 목조 3, 부조(브론즈) 2 이상 근년 30점에 달한다 … 소화10년(1935년) 5월 이후 신문기자 생활 3년간과 소화 12년 가을 이후 15년 8월까지 5개월 3개월간에 모든 것이 제작한 셈이다"고 한다(김기진, 「고 김복진 반생기-일주기를 맞아 형을 생각함」, 『춘추』, 1941.9(『김복진 전집』, 242~260쪽). 그런데 김기진이 이후에 이구열에게 인터뷰한 자료를 보면 "형님의 작품을 사진 찍은 영광사진점에서 원본 필림 36매를 1만원으로 사라는 제안이 있었다"는 것을 보면 더 많은 작품이 있었음을 알 수 있다(이구열, 「내 형님, 김복진-팔봉(八峰) 옹의 회고」, 『계간미술』 겨울호, 1982(『김복진 전집』, 293~298쪽). 뿐만 아니라 정관의 제자였던 박승구의 글을 보면 개구리, 매미 등의 곤충도 많이 제작하였다고 한다(박승구, 「김복진 선생을 회고하면서」, 『조선미술』, 1957.5(『김복진 전집』, 274~277쪽).

미륵불입상, 정혜사 석고보살좌상은 현존하고 있다.

현재까지 김복진에 관한 연구는 몇 분에 의하여 작품의 발굴과 연구가 진행되어 그의 작품세계에 대한 이해를 넓혀주었다.[4] 그러나 이전에 발표된 논문은 김복진이나 유족 등이 쓴 글을 중심으로 연구되어 깊은 논의가 진행되지 못하여 그가 제작한 불상이 한국불교조각사에서 차지하는 비중을 밝히지 못하였다. 뿐만 아니라 김복진이 제작한 불상이 미륵불이라는 것을 유추 해석하여 마치 그가 변혁 사상을 버리고 미륵신앙만을 받아들인 것으로 해석한 견해까지 발표되었다.

이 글에서는 정관 김복진이 제작한 1935년 공주 신원사 소림원 석고미륵불입상, 1936년 김제 금산사 소조미륵불입상, 1938년 예산 정혜사 석고보살좌상 등의 조성 배경과 불상 형태를 살펴보겠다. 그리고 1930년대 후반 김복진이 제작한 불상을 조선후기 제작된 불상과 비교하여 김복진이 제작한 불상 양식과 불교미술에 대한 사고를 접근하여 보고자 한다. 또한 그와 관련된 문헌자료를 통하여 30년대 후반에 그가 가졌던 사상에 대하여 고찰해 보겠다.

Ⅱ. 김복진이 제작한 불상

앞서 언급한 바와 같이, 김복진이 제작한 불상은 1935년 공주 소림원 석고여래입상, 1936년 김제 금산사 소조미륵불입상, 1939년 예산 정혜사 석고관음보살좌상 등이다.[5]

---

4) 문명대, 「김복진의 조각세계(Ⅰ)」, 『石南李慶成先生 古稀紀念論叢 한국현대미술의 흐름』, 一志社, 1992, 262~271쪽과 윤범모, 「김복진 불상예술의 세계」, 『아세아문화연구』 1, 경원대학교 아세아문화연구소, 1996, 86~149쪽.

5) 그의 대표작인 보은 법주사 미륵불입상은 청동으로 다시 제작되어 현재 남아 있지 않다. 이전에 촬영된 사진이 많이 남아 있어 김복진의 불상양식을 밝힐 수 있지만, 이 글에서는 구체적으로 언급하지 않겠다.

1. 1935년 공주 신원사 소림원 석고여래입상

공주 신원사 소림원에 봉안된 불상은 1936년에 제작된 금산사 미륵불의 模型이고,[6] 동일한 형태의 불상을 동년 조선미술전람회에 출품하였다. 두 불상은 대의처리와 손의 위치가 약간 달라 별개의 불상이라는 것을 알 수 있다.

불상은 높이 117㎝의 중형불상으로, 어깨를 펴고 당당하게 서 있는 입상이다(圖4). 살이 찐 얼굴에 두툼한 눈꺼풀, 약간 위로 치켜 뜬 눈, 오뚝한 코, 미소를 머금은 입을 표현하였다. 상반신에 가슴 선과 복부 근육이 새겨진 건장한 청년의 모습을 하고 있다. 이러한 근육 등의 표현은 조선후기 이전에 제작된 불상에서 거의 볼 수 없는 요소이다. 법의는 양어깨를 덮은 변형우견편단으로, 대의를 걸쳐 오른쪽 어깨에서

圖4. 공주 소림원 불상, 1935년

圖5. 상반신

6) 윤범모, 「마침내 찾아낸 김복진의 불상조각」, 『월간미술』 6, 1995.6, 94~100쪽.

옷자락이 수직으로 늘어진 반면에 왼쪽 어깨에서 늘어진 옷자락은 수직으로 내려오다가 완만하게 꺾어 왼쪽 가슴을 지나 손목으로 흘러내렸다(圖5). 대의 앞쪽에 늘어진 옷 주름은 상반신에서 촘촘하게 가로로 곡선을 그리고, 하반신에서 세로로 몇 가닥만이 표현되었다. 대의 안쪽에 입은 치마 자락도 좌우대칭을 이루면서 자연스럽게 늘어져 있지만, 지그재그식의 옷 주름 처리는 다리 사이, 왼쪽 가슴과 오른쪽 팔 밑으로 흘러내린 옷자락에 도식적으로 표현되었다. 수인은 오른손을 어깨까지 치켜들어 중지를 약간 안으로 굽히고 있다(圖6). 이러한 손의 자세는 선전에 출품된 <불상습작>에서도 동일하여 김복진이 제작한 불상에 주로 표현된 수인이라는 것을 알 수 있다. 왼손은 허리춤에서 앞으로 내밀어 둥근 지물을 들고 있다. 불상의 뒷면은 망토를 걸친

圖6. 불상 측면

圖7. 불상 후면

듯이 U자형의 주름이 늘어져 있다(圖7).

이 불상은 금산사에 봉안되었다가 공주 신원사 말사인 소림원으로 옮겨졌는데, 당시 금산사 주지 황성렬은 道伴인 沈圓昊 스님이 암자를 신축하고 정진 중에 마땅히 모실 불상을 구하지 못하자 주었다고 한다.[7)]

2. 1936년 김제 금산사 소조미륵불입상

전라북도 김제 모악산에 한 금산사는 대한불교조계종 17교구로, 전주와 남원 지역 사찰의 本寺이다. 금산사의 연혁은 「金山寺事蹟」과 『金山寺誌』 등에 언급되어 있다.[8)] 금산사는 임진왜란 기간 중에 호남 의병의 중심지가 되면서 왜구의 침략으로 대부분의 전각이 소실되었다. 전쟁이 끝나고 1601년부터 守文이 중창을 시작하여 1627년 彌勒五尊像을 제작한 후에 1635년 彌勒殿을 중건하였다.[9)] 1934년 3월 9일 화재로 미륵전의 본존이 파손되어 1935년 12월부터 1936년 8월까지 총 270일 동안 김복진이 불상을 제작하였다(圖8).[10)]

7) 윤범모, 「김복진 불상예술의 세계」, 110~111쪽 참조. 黃成烈은 법명이 夢幻, 法號 無礙로 경남 양산 출생이다. 1890년에 태어나 1906년 충남 공주 계룡산 신원사 騰雲庵에서 득도하고, 익산 숭림사와 김제 금산사(1934~1941.8) 주지를 역임하고, 금산사 불상 조성 시 법계는 大德이었다. 그의 恩師는 德化(羅一峰)이고, 法師는 卓凌虛(法名 桂明)이다.

8) 「金山寺事蹟」은 『佛教學報』 3·4 合輯의 부록으로 발간된 자료집에 수록되어 있다. 사적기에는 1635년의 기록을 1705년 改書한 것으로 임진왜란으로 寺中에 전하는 기록이 남아 있지 않아 썼다고 적혀 있다.

9) 본존은 소화 9년 3월 9일 夜의 失火에 燒失되었더니 주지 황성렬, 해광 김극인, 삼능 조영찬, 보응 김시택, 법운 국창용, 내장사 주지 매곡 정봉모, 구암사 주지, 일헌 김종렬, 신사 김부곤, 비구니 유지승 등의 조력을 자(藉)하여 가산거사 김수돈 등 大方檀家의 施主 1만 5천여 원을 구하여 良工 金復鎭에 명하여 소화 13년 9월 3일 소성하였다. 본불상은 도금소상으로서 주불상은 高 39척의 입상이요, 보처상은 각고 29척의 입상이다(한국학문헌연구소 편, 『金山寺誌』, 亞細亞文化社, 1983, 137~138쪽과 152~154쪽 참조).

10) 『金山寺誌』는 包光 金映遂가 1943년 집필한 것으로, 김복진에 의하여 본존이 1938년 9월 3일 제작한 것으로 적어놓았지만, 당시 신문기사를 보면 1936년에

조선시대 名山大刹 중 경주 기림사, 부여 무량사 등에는 5m에 달하는 소조불좌상이 봉안되었다. 입상인 경우는 2m 내외의 협시보살과 경주 분황사 약사여래입상 밖에 알려진 예가 없다. 따라서 일제침략기에 제작된 금산사 불상은 11m에 달하는 불상이기 때문에 숙련된 기술과 조형 감각이 있어야 제작할 수 있다. 더욱이 임진왜란 이후 17세기부터 사찰의 중창과 중수가 본격적으로 이루어져 대부분의 사찰에 불상이 봉안되면서 18세기 후반에는 불상을 새로 제작할 필요가 없어졌고, 19세기에는 불상을 제작하기보다 개금과 중수가 주로 이루어지면서 불상의 제작 기술 자체가 계승되지 못하였다. 이런 상황에서 11m의 불상을 만들 수 있는 조각가를 찾는 것은 쉬운 일이 아니었을 것이다. 1935년 금산사 불상 제작 시 황성렬 주지가 전국적인 공모전으로 작가를 선정하려고 한 것은 僧匠 가운데 거대한 불상을 제작할 수 있는 승려가 없다는

圖8. 김제 금산사 소조미륵삼존불입상 본존, 1936년

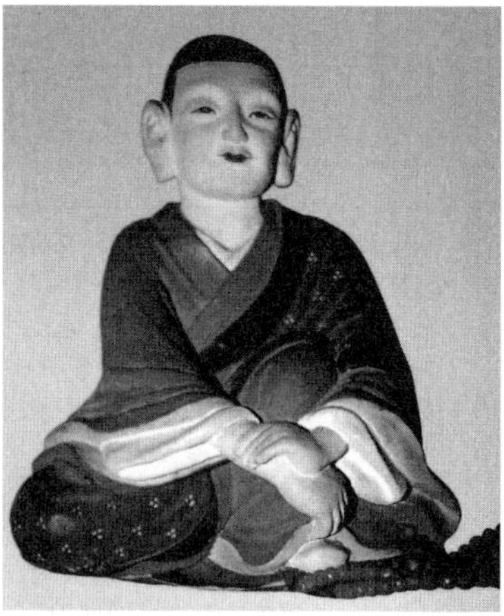

圖9. 군산 선종사 독성상, 1930년 퇴경당 일섭 作

제작되었음을 알 수 있다(윤범모, 「김복진 불상예술의 세계」, 95쪽 註13 참조).

것을 의미한다. 일제침략기 불화와 불상을 제작한 대표적인 승려는 退耕堂 日燮(활동시기 1925~1964)이다. 그는 20세기 전반부터 활동한 僧匠으로 1930년에 군산 선종사에 제작한 높이 34.7㎝의 독성상이 남아 있다(圖9).[11] 이 나한상은 한쪽 다리를 세우고 편안하게 앉아 있는 자세를 취하고 있다. 이 나한상은 17세기 활동한 조각승 應元, 色難 등이 제작한 것과 비교해 보면, 얼굴과 신체 등에서 조형성이 떨어진다. 이와 같은 나한상을 제작한 僧匠이 11m의 불상을 만든다는 것은 애초부터 불가능한 일이라 생각된다.[12] 퇴경당 일섭은 김복진이 제작한 금산사 소조미륵불입상에 금을 칠하고 붙이는 작업을 하였다. 당시 신문 기사에 "이조 이후로 처음 일"이라는 부재가 달릴 정도로 사회적인 관심을 불러일으킨 佛事였음을 짐작할 수 있다(圖10).

卅八尺의佛像
金復鎭氏製作中
二百七十日동안萬四千圓들여
〃恩津彌勒〃의아우님
李朝以後로처음일

圖10. 동아일보 관련 기사

---

11) 『한국의 사찰문화재-전북 · 제주』, 문화재청 · 대한불교조계종 문화유산발굴조사단, 2003, 30쪽(圖118).

12) 당시 신문에 불상 조성에 대한 기사가 나간 것은 이 불상의 제작이 당시에 거의 없었던 일이기 때문일 것이다("시내 사직동 262의 24 김복진씨는 전북 금산사의 부탁을 받고 미륵상을 제작하게 되어 높이 38척이나 되는 대미륵상을 제작 중이다. … 소비될 시간은 270일 가량이 되리라 하며 총 비용은 1만 4천원인데. … 순금 금박 약 6천원어치가 들었다하며 완성은 8월 말경이나 되리라는데 …"(『동아일보』 1936.7.5)).

미륵전 내에 봉안된 불상은 미륵불을 중심으로, 좌우에 법화림보살과 대묘상보살을, 가장자리에 帝釋天과 梵天을 봉안하였다. 본존은 1,182㎝이고(圖11), 협시보살은 879㎝, 신중상은 315㎝이다(圖12). 본존의 얼굴과 신체 비례는 대략 1 : 5.5(대좌 제외)로, 앞서 살핀 소림원 불상과 동일하다. 그러나 원래 미륵전에 봉안되어 있던 불상과 비교해 보면 1627년에 제작된 본존은 현존하는 보살상보다 약간 크고, 얼굴형도 조선후기 불상과 같이 각이진 방형의 얼굴이며, 김복진이 제작한 불상보다 대의처리가 더 단순하면서 자연스러운 느낌을 주고 있다(圖13) 불상은 왼손에 연봉우리를 들고 있어 미륵상임을

圖11. 금산사 소조미륵불입상 상반신

圖12. 금산사 소조미륵불입상

圖13. 소실된 소조미륵불입상, 17세기 전반

알 수 있는데, 김복진이 제작한 불상보다 오른손을 밑으로 내리고, 왼손은 더 위로 치켜들고 있다. 미륵불이 연봉우리를 든 불상은 고려 전기에 제작된 것으로 추정하는 괴산 미륵리 석조여래입상 등이 남아 있다.

3. 1939년 예산 정혜사 석고보살좌상

예산 수덕사의 말사인 정혜사 석고보살좌상은 2004년 10월 (사)불교문화산업기획단 주최로 가나아트에서 개막된 '아름다움과 깨달음展'에 처음으로 출품되었다(圖14). 이 불상을 조사한 연구자는 소장하고 있는 사찰의 노스님께서 직접 김복진이 작업할 때 옆에서 도왔다는 증언을 들었다고 한다.[13]

이 보살상의 제작 시기는 증언에 의하면 김복진이 죽기 1년 전인 1939년이다. 보살상은 높이 105㎝(불신 76㎝, 좌대 29㎝)인 중형보살상으로, 얼굴과 상반신을 약간 앞으로 숙여 구부정한 자세를 취하고 있다. 보관에는 중앙에 頭光과 身光을 갖춘 化佛이 연화좌에 앉아 있고, 좌우로 화려한 꽃문양이 장식되어 있다. 보관의 안쪽에 結髮한 머리카락을 과장되게 표현하였다. 타원형의 얼굴에 눈은 꼬리가 약간 위로 올라간 채 가

圖14. 예산 정혜사 보살좌상

---

13) 2006년 10월 30일 필자는 당시 전시회를 주최한 경원대학교 윤범모 교수님에게 보살상을 조사하게 된 연유를 듣게 되었다. 당시의 상황을 자세하게 가르쳐 주신 교수님께 지면을 통하여 감사드리는 바이다.

늘게 뜨고, 콧날은 곧게 뻗어 있으며, 입은 살짝 미소를 머금고 있다. 오른손은 어깨높이까지 들고 엄지와 중지를 둥글게 맞대어 끝부분에 정병을 단 가지의 중간부분을 살짝 들고, 왼손은 가지의 끝부분을 받쳐 들고 있다.

오른쪽 어깨에 대의 자락 일부가 가슴까지 내려와 있고, 나머지 대의 자락은 어깨 일부를 감싸고 팔꿈치와 복부를 지나 왼쪽 어깨로 넘어가고, 반대쪽 대의는 왼쪽 어깨를 완전히 덮고 수직으로 내려와 대의 안쪽에 입은 편삼과 겹쳐져 U자형을 이루고 있다. 하반신을 덮은 옷자락은 4겹으로 완만하게 펼쳐져 있고, 반대쪽 무릎에 소매 자락이 나뭇잎 모양으로 늘어져 있다.

Ⅲ. 1930년대 후반 김복진의 불교미술에 대한 견해와 불상 양식

많은 연구자들은 한국불교조각사에서 조선후기를 쇠퇴기로 인식하고 있다.[14] 이는 조선후기 불상이 삼국과 통일신라시대에 제작된 불상과 비교하여 미적 아름다움이나 양식적인 변화과정을 찾을 수 없기 때문일 것이다. 그러나 조선시대 숭유억불의 정치 상황에서도 임진왜란 기간에 소실된 사찰의 중창과 중수가 이루어져 17세기 전반부터 많은 조각승들이 활동하여 불상을 많이 제작하여 단순히 쇠퇴기라 말할 수는 없다. 그러나 18세기 중반 이후 대부분의 사찰에 불상이 봉안되어 더 이상 불상을 제작할 필요성이 없어졌다.[15] 따라서 19세기

---

14) 대부분 조선후기 불상에 대한 선입관은 “조선시대 불상은 새로운 양식의 발전도 없고, 개성미도 사라졌으며, 단순히 재래의 격식에 따라 불상을 제작하였을 뿐이다. 그러므로 예술적인 아름다움이나 창조적인 양식의 전환을 찾을 수 없다”(홍윤식, 『한국의 불교미술』, 대원사, 1998, 186쪽)이다.

15) 이와 달리 불화는 제작 기간이 흐르면 變色과 毁損이 이루어져 소각공양한

圖15. 불상, 1925년, 4회 조선미술전람회 출품, 최우석 作

에는 조각승의 존재기반이 무너졌고, 전통적인 불상 제작 기술도 전승되지 못하였다.[16] 이와 같은 상황에서 1930년대부터 김복진이 불상을 제작하였다는 것은 전통조각의 계승이라는 의의를 가진다.

우선 김복진이 제작한 불상의 양식을 밝혀보기 전에 그가 가졌던 불교미술에 대한 생각을 살펴볼 필요성이 있다. 김복진은 1925년 6월 2일부터 7일까지 개최된 제4회 미전에 출품된 최우석의 작품을 보고 다음과 같이 썼다.[17] "千古不朽의 劣作 [불상]이 미전 회장의 일우를 더럽히고 있는 것을 보았느냐. 無名 無慈悲한 佛體 구도의 不非, 作意의 몽롱 애매 어디로 보든지 금년도의 대표적인 졸작이라고 밖에 말할 수 없다. 한말 당시 경영한 불상을 모아 놓고 賤利 탐욕에 눈알 붉은 승려배와 동격 화가라는 것만 광고한 그림이다. '나무아미타불 금은 山積을 伏願 伏願' 화면 전체의 하반부는 잘라 없애면 좀 낫게 보일 듯하다"라고 혹평을 하였다(圖15). 그러나 당시에 출품된 작품을 보면, 법당 내부의 수미단 위에 불상이 놓여

후에 새롭게 제작하여 불화승의 활동이 계속적으로 이루어진다.

16) 조선후기 불상 제작의 상황에 대해서는 崔宣一, 「朝鮮後期 彫刻僧의 활동과 佛像 硏究」, 홍익대학교 박사학위청구논문, 2006. 6, 141~189쪽을 참조할 만하다.

17) 김복진, 「제4회 미전 인상기」, 『조선일보』 1925.6.2~7 연재(『김복진 전집』, 70~83쪽).

圖16. 화성 봉림사 목조아미타여래좌상
보물 980호, 13세기 후반

圖17. 목조관음보살입상,
高村光雲 作

있고, 후면에 三尊圖를 그려 놓았다. 아무리 보아도 김복진의 혹평을 받을 정도의 그림은 아니다. 김복진의 말처럼 하단의 화면을 잘라 버리면 더 안정적인 구도가 되었을 것으로 생각된다. 중앙에 그려진 불상은 전체적인 형태와 수인을 보면 고려후기에 제작된 아미타여래좌상이다(圖16). 따라서 20대 중반의 김복진은 유물을 있는 그대로 그린 것에 부정적인 생각을 가졌음을 알 수 있다.

김복진은 일본 동경미술대학을 다닐 때 여러 사찰을 관람하고, 짧은 기간 승적을 가질 정도로 불교에 대한 믿음이 깊었다고 한다. 그의 스승인 타가무라 고운(高村光雲, 1852~1934)은 高橋鳳雲 → 高村東雲(1826~1879)으로 이어지는 전통적인 조각승의 계보에 속하는 인물이다.[18] 따라서 김복진은 스승의 작업실에서 그가 만든 불상

---

18) 田中修二, 「Ⅱ. 高村光雲」, 『近代日本初の彫刻家』, 吉川弘文館, 東京, 1993, 20~73쪽; 高村規, 『木彫 高村光雲』, 中敎出版株式會社, 東京, 1999.

(특히, 관음보살)과 동물(닭, 개, 원숭이 등)을 자연스럽게 보고 배웠을 가능성이 있다(圖17).[19]

圖18. 불상두신, 1938년
동경미술학생전, 이성화 작

圖19. 석굴암, 경주, 774년

김복진은 조선공산당 사건으로 구속된 후, 서대문 형무소에서 불상을 본격적으로 제작하였다. 그의 동생인 팔봉 김기진은 "참담한 감옥살이 중에 그는 먹지 않고 남긴 밥을 주무르고 주물러 점토처럼 만들어 가지고는 자유로운 인물상과 불상을 만들며 조각가로서의 조형 충동과 갇힌 자의 절망감을 달래곤 하였다. 그러다가 간수들이 형님의 솜씨를 보고 놀라며 목공소로 보내 목조불상을 깎게 해서는 감옥소의 직매장에서 팔게 했습니다. 나도 그때 면회를 가며 몇 개 사왔는데 그 후 없어졌어요. 한 개에 2~3원 정도였던 것으로 기억 되는군요"라는 증언과[20] 이국전은 "감옥에서 김복진은 조선 풍속 고전에 대한 연구를 하는 동시에 많은 우수한 목조각 등을 창작

19) 김복진, 「조각생활 20년기-스승과 지기와 내 성격을 아뢰는 편지」, 『조광』, 1940, 3, 4, 6, 10(『김복진 전집』, 213쪽). 高村光雲은 이토 히로부미의 원찰인 서울 박문사에 불상을 제작한 조각승으로 高村光太郎의 아버지이다.

20) 이구열, 「내 형님, 김복진-팔봉(八峰)옹의 회고」(『김복진 전집』, 295~296쪽).

하였다. 혹 자재가 없는 때에는 먹다 남은 밥을 개어 찰 지게 한 것을 이용하여 많은 조각들을 만들었다"고 한다.[21]

김복진은 제자들에게 고대 조각의 우수성을 강조하고, 이당 김은호와 경주 석굴암을 답사하기도 하였다. 또한 그는 1926년에 석굴암의 본존을 그리거나 1938년 동경미술학생전에 출품된 이성화의 조각품 <불상두신>을 매우 잘된 작품으로 칭찬하였는데(圖18), 조각은 석굴암 본존의 상반신 일부와 두광을 표현한 것이다(圖19).[22]

흥미로운 사실은 김복진이 생전에 호신불을 가지고 다녔다는 것이다.[23] 일본으로 가는 김복진이 춘원 이광수에게 선물을 무엇을 사다 줄까 물어보는데, 이광수는 김복진에게 白檀觀音像 하나를 새겨 달라고 하였다. 그러자 자신의 품에 있던 백단관음상을 주었는데, 정관이 새긴 것을 달라고 받지 않았다는 것은 김복진이 가지고 있던 호신불이 다른 사람의 작품이라는 것을 알 수 있다. 결국 일본에서 돌아와 백단을 구하지 못하여 불상을 제작하지 못하였다는 것은 평소 가지고 다니던 호신불이 국산이 아니라는 것을 알려주는 대목이다.

김복진이 불상을 본격적으로 제작한 시기는 형무소였기 때문에 불교미술과 관련된 자료를 볼 수 없었을 것이다. 따라서 김복진이 조각한 불상은 자신의 머릿속에 남아 있는 기억에 의존할 수밖에 없었다. 김복진이 제작한 불상의 가장 큰 특징은 한국과 일본의 다양한 시기의 불상 양식이 혼합된 것이다. 뿐만 아니라 불교조각을 체계적으로 배우지 않아 대의를 입는 방식에 대한 이해가 부족하여 과장되고 불

---

21) 이국전, 「조각가 정관 김복진 선생」, 『조선미술』, 1957.5(『김복진 전집』, 282~287쪽).
22) 김복진, 「동경미술학생전 일별」, 『비판』, 1938.6(『김복진 전집』, 140~141쪽).
23) 춘원 이광수의 弔辭 미완성 관음상에서 "이번 동경에 가면 무슨 미야게를 사다 주랴 하기로, 나는 白檀觀音像 하나를 새겨다 달라고 하였다. 이 말에 그는 품속에서 백단관음상을 내어서 내게 보이기로 정관이 손수 새긴 것을 달라고 하였다. 정관이 동경서 돌아왔노라고 나를 찾았을 때… 무슨 근심이 있는 듯 하였다. 동경서 백단을 못 구하여서 관음상을 못 새겼노라고 …"

필요한 요소까지 나타나 있다. 예를 들어 소림원이나 금산사 불상은 가슴, 근육의 표현에서 근대적인 요소가 반영된 반면에 대의 처리에서는 통일신라 불상을, 타원형의 중앙계주는 조선시대 불상을 따르고 있다. 그리고 불상의 뒷면에 반원형으로 늘어진 옷주름은 실제로 대의를 입었을 때 생길 수 없는 옷 주름으로 그의 생각 속에서 나온 표현이다. 이외에도 정혜사 보살상은 조선후기 보살상의 양식을 따랐으나 結髮한 형태 등은 이전 시기에 제작된 불상에서 볼 수 없는 요소이다(圖 20). 따라서 김복진이 제작한 불상 양식은 전통과 근대를 혼합하여 자신 만의 불상을 만들었던 것으로 생각할 수 있다.[24]

Ⅳ. 1930년대 후반 김복진의 사상 재고

김복진은 사랑하는 딸을 잃어 삶의 희망을 잃고 한 달 만에 사망하였다. 그는 1940년 무척 힘든 생활을 하면서도 자신을 정리하는 글을 발표하였는데, 기존 연구서에서 김복진은 공산주의 사상을 버리고, 마치 불교의 미륵신앙을 믿으면서 새로운 세계에 대한 관심을 가졌다고 추정하였다.[25] 그러나 1930년대 후반은 국내 공산주의자에게 탄압기였다. 남로당의 총책임자 박헌영이 청주, 서울, 전남 광주 등에서 지하운동을 할 정도로 탄압이 극심하여 대부분 공산주의자들은 산이나 지하로 들어가는 상황이 벌어졌다.[26]

김복진은 1920년대 후반 경기도당 총책임비서와 같이 비밀당원으

---

24) 기존 연구자들은 이러한 김복진 불상의 특징을 그의 독창적인 조형감각에 기인하면서 통일신라시대 불상을 계승한 것으로 해석하고 있다(윤범모, 「김복진 불상예술의 세계」, 86~149쪽).

25) 김승환, 「정관 김복진(井觀 金復鎭)과 한국근대문예운동사」, 『韓國學報』 87, 一志社, 1997 여름, 146~150쪽.

26) 임경석 편, 『이정 박헌영 일대기』, 역사비평사, 2004, 188~202쪽 참조.

로 활동하였을 뿐만 아니라 남부군의 총사령관 이현상을 공산주의자로 만든 장본인이다.[27] 감옥에서 나와 재수감과 석방 이후 1936년 아무런 이유도 없이 생활을 정리하고, 1940년에 국내를 떠나 일본에 가서 정착하려고 하였다. 그의 부인인 허하백의 글에서 7월에 일본으로 가면서 "… 이번에 동경으로 간다는 것은 인제 내 일생을 바쳐 예술의 진미를 알아내고, 미증유의 예술품을 남긴 뒤에 속리산 법주사 대불, 청주 용화사 불상을 완성하여 놓고 나서, 최후로 동양 미술사를 편집하여 놓을 일 …"이라고 하였다.[28] 그러나 일본에 건너가 만난 제자는 "1941년 7월 어느 날(1940년 오인) 선생은 동경에 있는 나를 찾아 오셨다. 그리고 일제의 탄압이 극심한 것과 아울러 조선에서 동경으로 와 투쟁할 계획을 약속하고 작별하였다"라는 증언하였다.[29]

또한 박승구는 20년 전 여름 선생의 작업실을 방문한 계기와 청년입상을 제작할 당시의 상황을 이야기하면서 "청년입상은 고민하는 조선 청년을 묘사한 작품으로서 두 손을 이마에 대고 사색하는 모습을 나체로서 형상화한 것이었으며, 일제통치의 가혹한 탄압 밑에서 그 희망을 잃고 고민하며 무엇을 할까 하는 문제를 제기한 작품이다 … 선생은 일제를 반대하여 선두에 선 조선공산당원이었고, 카프의 열렬한 진실한 투사였다 … 나는 종종 선생이 그날의 작품을 끝마치고 사방이 고요하여지면 조그마한 소리로서 "赤旗歌"를 부르시던 것이 기억 된다"는 내용을 통하여 1937년경 작품 <청년>을 만들 때임을 알 수 있다.[30] 적기가는 1930년대 한국에 전해진 일본의 "아카하타노의 노래"를 한국어로 직역한 노래로, 공산주의자들에 의해 불리기 시작한 후 해방 때까지 일제에 저항하가 위한 투쟁가로 애창되었

27) 이태, 『남부군 비극의 사령관 이현상』, 학원사, 1990, 108~119쪽 참조.
28) 「조각실에서 암투」(삼천리, 1940.11).
29) 이국전, 위의 글(『김복진 전집』, 282~287쪽).
30) 박승구, 위의 글(『김복진 전집』, 274~277쪽).

다. 해방 이후에도 노동가, 투쟁가 등으로 불리다가 1948년 8월 15일 정부수립을 전후하여 금지곡이 되었다.

이러한 단편적인 내용을 검토한 것만으로도 김복진은 두 차례 검거된 후에도 기존에 가지고 있던 민족해방과 사회변혁을 위하여 활동하였을 가능성이 높다. 이는 부인 허하백이 1950년 10월 전쟁 중에 좌익 활동을 했다는 이유로 처형된 것을 보아도 알 수 있다. 따라서 김복진이 기존 사상을 버리고 불교의 미륵신앙을 바탕으로 한 새로운 세상을 염원하였다는 견해는 재고되어야 할 것이다.

Ⅴ. 맺음말

이상으로 김복진이 제작한 30년대 후반의 불상 양식과 사상에 대하여 기존 연구와 다른 해석을 시도하였다. 현재 김복진이 제작한 불상이 거의 남아 있지 않은 상황에서 불상 3점과 선전 도록 등을 바탕으로 불상 양식을 해석하는 것은 한계가 있다. 그러나 김복진이 근대 조각계에 미친 영향을 무시할 수 없어 그가 제작한 작품 가운데 불상을 중심으로 접근하여 보았다.

김복진은 10여 년 동안 불상을 제작한 것으로 보이지만, 석방된 후 5년 동안에 만든 불상에 관한 자료만이 남아 있다. 김복진의 불상양식을 파악할 수 있는 처음 단계의 작품을 알 수 없어 접근에 한계를 가진다. 현존하는 3점의 불상 중 여래상은 전통적인 요소와 근대적인 요소가 혼합되어 주로 입상을 만들었고 비례와 대의처리 등이 유사하다. 보살상은 전국에 산재한 조선후기 보살상 양식을 바탕으로 제작되었다. 김복진은 자신의 글에서 작업을 할 때, 자신이 만든 작품을 다시 만들어야 한다는 이야기를 한 것을 보면, 작가의 의도가 충분히 반영되지 않았음을 알 수 있다.[31]

김복진은 일본 유학 기간 중에 처음에는 공산주의에 대한 배타적인 사고를 가졌다. 그러나 이후 공산주의 사상을 받아들여 귀국 후 비밀당원으로 활동하여 5년을 형무소에서 보냈다. 몇 연구자는 김복진이 석방 후에 불교사상에 심취하였다고 보지만, 필자는 여러 사람의 글과 정황을 토대로 김복진이 기존에 가졌던 사상을 버리지 못한 것으로 생각한다.

앞으로 전국 사찰에 봉안된 근대기 불상의 조사를 통하여 김복진이 제작한 불상을 이해할 수 있는 자료와 형무소에서 만든 불상이 일본 등지에서 발견될 가능성이 있다. 이러한 자료의 발굴과 조사를 통하여 근대조각계의 중심에 서 있던 김복진의 조각에 대한 이해가 깊어졌으면 한다.

---

31) 1940년 5월 10일 동아일보에 발표한 「조선 조각도의 향방-그대로 독자(獨自)의 변)-」에서 “어제 밤 꿈에서 옛날의 선생을 만났습니다. 선생이 개구일번(開口一番) 그만하면 조각의 논리(확실히 ‘조각의 논리’라고 말을 하는데 조각의 논리라는 말을 꿈을 깨고서도 한참 생각하여 보았습니다)를 알았을 터이니 좀 똑똑한 것을 만들어 보라고 합니다. 똑똑한 조각을 만들기에 전력을 할 것입니다. 주문품이나 동상을 가지고 청춘을 보내지 말고 조각을 하여야 하겠습니다. 동상이 조선에 건립되기 비롯한 것은 대략 15년 전 일입니다. 휘문중학에 세운 것이 처음이겠지요, 그런데 동상을 제작할 때마다 나는 늘 이런 생각을 가져갑니다. 이것은 결국 자기 일생에 다시 제작을 하여 줄 것이라고 하는 것입니다 동상을 제작하는데 대외적인 간섭, 기한, 예산, 대소, 위치 등의 구속이 많은데다가 작가 자신이 이상의 모든 조건의 소화력 부족이었으니 어찌 대번에 자기만족이나 할 수 있는 것이 될 법 합니까”라고 썼다.

참고 문헌

김복진 저 / 윤범모·최열 편저, 『김복진 전집』, 청년사, 1995.

이경성 등, 『김복진의 예술세계』, 얼과 알, 2001.

이 태, 『남부군 비극의 사령관 이현상』, 학원사, 1990.

임경석 편, 『이정 박헌영 일대기』, 역사비평사, 2004.

최 열, 『힘의 미학 김복진』, 재원, 1995.

韓國美術研究所 編, 「朝鮮美術展覽會 記事資料集」, 『미술사논단』 8 별책 부록, 시공사, 1999 상반기.

한국학문헌연구소 편, 『金山寺誌』, 亞細亞文化社, 1983.

『한국의 사찰문화재-전북·제주』, 문화재청·대한불교조계종 문화유산 발굴조사단, 2003.

홍윤식, 『한국의 불교미술』, 대원사, 1998, 186쪽.

김기진, 「고 김복진 반생기-일주기를 맞아 형을 생각함」, 『춘추』, 1941.9 (『김복진 전집』, 242~260쪽).

김복진, 「제4회 미전 인상기」, 『조선일보』 1925.6.2~7 연재(『김복진 전집』, 70~83쪽).

______, 「동경미술학생전 일별」, 『비판』 1938.6(『김복진 전집』, 140~141쪽).

______, 「조각생활 20년기-스승과 지기와 내 성격을 아뢰는 편지」, 『조광』, 1940, 3, 4, 6, 10(『전집』, 205~229쪽).

김승환, 「정관 김복진(井觀 金復鎭)과 한국근대문예운동사」, 『韓國學報』 87, 一志社, 1997 여름, 146~150쪽.

박승구, 「김복진 선생을 회고하면서」, 『조선미술』, 1957.5(『김복진 전집』, 274~277쪽).

문명대, 「김복진의 조각세계(Ⅰ)」, 『石南李慶成先生 古稀紀念論叢 한국현대미술의 흐름』, 一志社, 1992, 262~271쪽.

윤범모, 「김복진 불상예술의 세계」, 『아세아문화연구』 1, 경원대학교 아세아 문화연구소, 1996, 86~149쪽.

______, 「마침내 찾아낸 김복진의 불상조각」, 『월간미술』 6, 1995.6, 94~100쪽.

이국전, 「조각가 정관 김복진 선생」, 『조선미술』 1957.5(『김복진 전집』, 282~287쪽).

이구열, 「내 형님, 김복진-팔봉(八峰)옹의 회고」, 『계간미술』 겨울, 1982(『김복진 전집』, 295~296쪽).

崔宣一, 「朝鮮後期 彫刻僧의 활동과 佛像 硏究」, 홍익대학교 박사학위 청구논문, 2006.6.

田中修二, 『近代日本初の彫刻家』, 吉川弘文館, 東京, 1993.

高村規, 『木彫 高村光雲』, 中敎出版株式會社, 東京, 1999.

김현승 시인의 초기 기독교시 연구

시적 시간의 특징을 중심으로

김석환 | 명지대학교 문예창작학과 교수

1. 서론

김현승 시인은 일제시대인 1934년부터 1975년에 작고하기까지 왕성하게 시 창작 활동을 하면서 6권의 시집을 내었다. 그런데 김현승 시인의 시에 일관되게 흐르는 시정신은 기독교 신앙에 그 뿌리를 두고 있다.[1] 특히 본고에서 논하고자 하는 김현승 시인의 초기시, 즉 일제시대에 쓴 시 역시 기독교 신앙과 깊은 관련을 맺고 있다.

김현승 시인이 시를 쓰기 시작하던 1930년대에는 신사참배가 강요되는 등 가혹해지는 일제의 무력 앞에 많은 교회 또는 기독교인들이

---

1) 김운룡, "김현승 평전" 「김현승 한국현대시인연구 10」, 문학세계사, 1993, 180쪽. "茶兄 시의 근원은 기독교 정신에 있다. 그는 어려서-체질화된 기독교를 삶의 한 방식으로 수용하고 있다. 그리하여, 신앙과 기도가 시의 뿌리며 核이었다. 그를 가리켜 '기독교 詩人'이다, '고독의 詩人'이다 하는 까닭은 시의 根幹을 이루는 두 가지 요소가 하나의 범주 속에 공존하고 있기 때문이다. 茶兄의 고독이라는 나무도 이 신앙의 뿌리에서부터 지상으로 뻗어 올라간 同質性으로 이해될 것이다."

무릎을 꿇기도 하였다. 그러나 그런 중에도 이를 거부하여 순교를 당하기도 하였으며, 일부 학교는 이 문제로 강제로 폐쇄 당하였는데 평양에 있던 숭실중학교가 그 중의 하나이다. 김현승은 바로 이 학교 출신이며 진실한 기독교 가정에서 태어나 자라면서 신앙교육을 받았다. 김현승 시인은 회고담에서 자신의 시의 인생에 성경과 예수의 언행은 기본이 되고 많은 영향을 미쳤다고 고백하고 있다.[2)]

본고에서는 그의 전기적 사실과 고백을 참고로 하되 먼저 김현승 시인이 처음 시를 발표하기 시작한 일제시대의 시에 나타난 시적 시간의 구조적 특징과 그 의미를 고찰하고자 한다. 그러한 논의는 시인이 어떻게 기독교적 세계관 또는 신앙을 바탕으로 시를 쓰면서 일제의 암흑기를 극복하고 구원을 모색하였는가에 대한 연구가 될 것이다. 왜냐하면 시인이 비가시적이요 관념적인 시간을 의식한다는 것은 결국 자아와 세계를 인식하는 것이므로 시간관과 세계관은 밀접한 연관성이 있기 때문이다.

김현승 시인에 대하여 기독교적 관점에서 이루어진 연구들은 많다.[3)] 그런데 김현승 시인은 광복 이후에 더욱 활발한 시작활동을 하

---

2) 김현승, "詩였던 예수의 言行", 김운룡 편저, 위의 책, 95~96쪽.
"기본적으로 내 시에 아는 듯 모르는 듯 세력을 미치고 있는 것은 기독교의 성경일 것이다. 新舊約聖經이 신앙을 떠나서도 문학적으로 얼마나 훌륭하다는 것은 주지의 사실이지만, 그리고 구약의 시편들과 雅歌나 哀歌와 같은 것들이 훌륭하지만, 나는 그보다 신약을 더 좋아하고 그 중에서 특히 四福音을 좋아한다. …(중략)… 나는 이 예수의 言行을 어려서부터 읽었다. 그러므로 이 훌륭한 시가 내 시의 인생에 영향을 미치지 않았다고 내가 어떻게 장담할 것인가"

3) 박이도, 「茶兄文學考」, 숭전대학교 석사학위논문, 1977.
김상업, 「金顯承 詩 硏究,」 단국대학교 석사학위논문, 1975.
양왕용, "일제 강점기 크리스천 시인의 시와 기독교 세계관 연구", 「韓國現代詩와 基督敎 世界觀 硏究」, 창조문학사, 2005, 9~90쪽.
이 논문에서 양왕용 교수는 윤동주와 김현승을 일제 강점기의 대표적 크리스천 시인이라고 밝히고 두 시인의 시에 나타난 기독교적 세계관을 비교 고찰하고 있다.

여 많은 시를 남겼기 때문에 시인이 일제시대에 쓴 시에 한정된 연구는 그의 전체 시를 논하는 과정에서 한 부분을 차지하고 있다. 따라서 시인이 일제시대에 쓴 시만을 대상으로 하여 고찰한다는 것은 나름대로 가치가 있을 것이다. 우선 김현승 시인이 광복 이후에 쓴 많은 시들을 연구하는 하나의 기초요 전제가 될 것이다. 그리고 오늘날 기독교 시가 나아가야 할 바람직한 방향을 전망하는 데 참고할 수 있는 자료가 될 것이다.

본고는 2005년에 간행된 「김현승 시 전집」[4]에 게재되어 있는, 1934년부터 1936년까지 쓴 시 16편을 텍스트로 할 것이다. 구체적으로 시에 나타난 시간의 대립적 구조, 그의 시에 많이 등장하는 경계의 시간인 황혼과 아침의 시적 의미, 그리고 그것들과 기독교 신앙과의 관련성을 종합적으로 논의해 나갈 것이다.

2. 밤과 아침의 대립적 구조

김현승의 시에서 밤과 아침은 독특한 대립적 구조를 구축하며 시적 내용을 형상화하여 보여 준다.

> 해를 쫓아 버린 검은 狂風이 눈보라를 날리며 凱旋行進을 하고 있읍니다그려!
> 불빛 어린 窓마다 구슬피 흘러 나오는 悲戀의 頌歌를 듣습니까?
> 쓸쓸한 저녁이 이를 때 이 땅의 居住民들이 부르는 遺傳의 노래입니다
> 지금은 먼 이야기, 여기는 東方

4) 김현승, 「김현승 시전집」, 민음사, 2005.

그러나 우렁차고 빛나던 해가 西쪽으로 기울어지던 날
오직 한마디의 悲歌를 이 땅에 남기고 先人들의 발자취가
어두움 속으로 永遠히 사라졌다 합니다.
그리하여 눈물과 한숨, 또한 내어버린 웃음 위에
漂浪의 歷史는 흐르는 세월과 함께 쓰여져 왔다 합니다.

-시 〈쓸쓸한 가을 저녁이 올 때 당신들은〉 3연

이 시는 화자가 내포적 청자인 '당신'에게 대화체, 또는 서간체로 시를 전개하고 있으며 시행이 비교적 길어 산문적인 어조를 느끼게 한다. 이러한 문체는 일제의 암흑 속에서 신음하는 한민족의 현실을 강하게 인식하고 있는 시인이 시적 호소력을 높이기 위한 미적 전략으로 보인다. 이 시 이외에 일제시대에 쓴 김현승의 시들은 위의 시와 비슷하게 산문적 율조를 갖고 있는데 후기에 쓴 그의 시들이 매우 간결한 어조를 유지하는 것과 매우 대조적이다.

'해를 쫓아 버린 狂風'은 바로 한민족의 국권을 빼앗은 일제의 무력을 상징하는데, 그것은 '눈보라를 날리며 凱旋行進을 하고' 있다고 한다. 그 어둠과 눈보라 속에서 불빛 어린 창마다 흘러나오는 '悲戀의 頌歌'는 遺傳되어 오던 노래, 즉 한민족의 오랜 역사를 통해서 전해진 노래이다. 그리고 그것은 곧 '先人들의 발자취'와 '漂浪의 歷史'가 내재된 전통적인 노래이다. 시인은 이처럼 어둡고 추운 겨울 밤을 묘사하며 일제의 무력에 의해 민족사가 단절됨으로써 웃음이 사라지고 눈물과 한숨만 남은 당시의 시대상황을 암시적으로 보여 준다.

그러나 다음 이어지는 연에서 시인은 그런 현실을 극복하고 승리할 것을 권유하고 있다.

그러면 여보, 이러한 이야기를 가진 당신들!
쓸쓸한 저녁이 올 때 窓 밖에 안타까운 집시의 노래를 放送하기엔

-당신들의 情熱은 너무도 크지 않습니까?
漂浪의 歷史를 그대로 흘려 보내기엔
-당신들의 마음은 너무도 悲憤하지 않습니까?
너무도 오랫동안 차고 어두운 이 땅,
울분의 덩어리가 數千 數百 强烈히 불타고 있었읍니다그려!
마침내 悲戀의 感情을 발끝까지 찍어버리고
金붕어 같은 삶의 기나긴 페이지 위에 검은 먹칠을 하고
하고서, 强하고 튼튼한 歷史를 또다시 쌓아 올리고
캄캄한 東方山 마루에 빛나는 해를 불쑥 올리려고
밤의 險路를 千里나 萬里를 달려 나갈 젊은 당신들-

-시 〈쓸쓸한 가을 저녁이 올 때 당신들은〉 4연 일부

화자는 '이러한 이야기', 즉 '漂浪의 歷史'를 가진 '당신들'은 '집시의 노래'를 부르고 있기에는 정열이 너무도 크며 비분하다고 한다. '차고 어두운 이 땅'의 현실 속에서도 절망하지 않고 오랜 민족사의 전통을 의식하고 민족의 가슴 속에 정열과 비분이 잠재되어 있음을 믿는 것이다. 그러기에 화자는 '젊은 당신들'이 '캄캄하던 東方山 마루' 즉 일제의 압제 속에 있는 민족의 삶의 터전에 다시 광복을 되찾아, 강한 민족의 역사를 쌓아 올리고, 영원히 이어가리라고 한다. 그리고 이 시의 끝 부분에서 "여보! 당신들은 猛烈한 바람이 부는 추운 거리로 나아가야 하지 않겠습니까."라고 일제의 탄압에 맞서기를 권유한다.

위의 시에서 나타나는 '밤/ 아침 또는 새벽'의 시간적 대립은 '어둠/ 밝음, 차가움/ 뜨거움'등으로 감각적인 대립을 하며 그 차이가 강조되는데 그런 양상은 김현승의 시 곳곳에서 볼 수 있다. 그리고 그러한 대립적 구조로 시인은 민족사가 단절된 일제의 암흑 속에서도 절망하지 않고 고난 받는 민족의 역사와 실상을 인식하며 이를 극복하고 광

복을 되찾기를 바라는 소망을 암시하고 있다.

> 새까만 하늘을 암만 쳐다보아야 어딘지 모르게 푸르러터니
> 그러면 그렇지요, 그 우렁차고 光明한 아침의 先驅者인 어린 새벽이
> 벌써 희미한 초롱불을 들고 四方을 밝혀 가면서
> 거친 산과 낮은 들을 걸어오고 있었읍니다그려!
> 아마 동리의 수탉이 밤의 寂寞을 가늘게 찢을 때
> 잠자던 어느 골짜기를 떠나 분주히 나섰겠죠
>
> 여보세요, 당신은 쓸쓸한 저녁이 올 때 얼마나 슬퍼하셨읍니까?
> 당신이 사랑하는 해가 거친 山頂에서 붉은 피를 쏟고
> 感傷詩人인 까마귀가 黃昏의 悲歌를 구슬피 불러
> 답답한 어두움이 坊坊曲曲에 숨어들 때
> 당신은 끊어져 가는 날의 숨소리를 들으며 永遠한 밤을 슬퍼하지 않았습니까?
>
> -〈어린 새벽은 우리를 찾아온다 합니다〉 1연, 2연 일부

위의 시에는 저녁, 밤, 아침 또는 새벽이란 시간의 단위가 등장하는데 새벽을 시점으로 하여 밤이 시작되는 저녁과 밤을 회상하는 형식을 취하고 있다. 그 시간들은 각각 일제에게 국권을 강탈당할 때, 일제시대, 그리고 일제의 암흑으로부터 벗어나는 시기를 상징한다. 저녁은 '쓸쓸하고 슬퍼하셨읍니까, 구슬피' 등의 감정어 등과 결합되어 있다. 그리고 '해가 산정에서 붉은 피를 쏟고, 까마귀가 悲歌를 부르며, 어두움이 坊坊曲曲에 숨어들고, 끊어져 가는 날의 숨소리'가 들리는 절망과 아픔의 시간이다.

한편 밤은 '어딘지 모르게 푸르러터니'가 암시하듯 완전한 절망의 시간이 아니라 푸른색[5](푸르러터니)이 상징하는 신과 초월의 세계를

꿈꾸는 희망의 시간이다. 밤이 그러한 희망의 시간이 될 수 있었던 것은 "어두운 밤을 지키는 把守兵丁인 별들"이 있었기 때문이다. 그리고 새벽은 '우렁차고 光明한 아침의 先驅者'로 의인화되고 있는데 '희미한 초롱불을 들고', '동리 수탉이 밤의 寂寞을 가늘게 찢을 때' 걸어오는 빛과 희망의 시간이다. 그런데 시를 쓰던 당시가 일제의 암흑기, 즉 아직 새벽이 상징하는 광복이 되지 않은 시점에서 이처럼 새벽을 묘사한 것은 그만큼 광복에 대한 시인의 소망이 간절했음을 암시한다.

특히 이 시 중에서 저녁 시간에는 비가를 부르는 감상시인을 대신하는 까마귀가 등장하는데, 이어지는 연에는 새벽 시간에 그 까마귀와 함께 참새가 등장한다.

> 동편에선 언제나 가장 높은 체하는 험상궂은 산봉우리가
> 아직도 해를 가리우며 내어 놓지 아니하는데
> 그 얌전성 없는 참새들은 못 기다리겠다고 반뜻한 줄을 흩으리고
> 그만 다들 날아가 버리겠지요.
>
> -〈어린 새벽은 우리를 찾아온다 합니다〉 끝 연

동편에서 아직 해를 가리고 있는 산봉우리는 일제의 세력을 암시한다면 못 기다리고 '반뜻한 줄을 흩으리고' 날아가는 참새들은 인내심이 없어 광복의 희망을 저버린 자들을 대신한다. 위의 앞 연에서 참새들은 "이른 아침 偵察을 나온 구름의 이야기를 하고", "지나간 여름에 저 구름들이 黃河沿岸을 공격하였을 때 너무도 지나친 勝利

---

5) R. Ingrid, 정여주 역, 「色의 신비」, 학지사, 2004, 앞의 책, 87쪽.
"파랑은 상징적으로 초월의 색이며 천상의 것과 지상의 것, 신과 세상 사이를 중재해주고 반영해주는 색이다. 공기원소의 색인 파랑은 인간을 통해 작용하는 신의 현존과 힘을 위해 투명한 색이 되고, 신앙과 신의의 색이 되며 자신을 넘어서는 동경의 색이 된다."

를 하였다"고 한 것은 그런 유추를 더욱 가능하게 한다. 그 구름들은 당시에 한국을 무력으로 강탈하고 황하연안, 즉 중국대륙까지 침략한 일제를 비유한 것이며 "늠름한 기상을 가진 흰 구름들"은 한민족을 암시한다. 그리고 '黃昏의 悲歌를 구슬피 부르고' 있거나 그 시재를 얻기 위해 "거칠고 쓸쓸한 廣野로 나가는" 까마귀는 참새와 마찬가지로 일제의 무력 앞에 나약해진 일부 한민족을 암시한다. 한편 시 <까마귀>에서 그것은 "灰色 譜表 꽂은 悲曲의 名作家/ 西山에 깃들이는 黃昏의 詩人"으로 비유하고 있다. 그것은 일제의 억압을 물리칠 수 없는 무력한 자신에 대한 자괴감을 반영하고 있다.

김현승 시인은 이와 같이 밤의 어둠 속에서도 푸른 희망의 빛과 별빛을 발견하고, "해는/어둡고 險峻한 비탈과 絶壁을 또다시 기어오르고 있다는" 것을 제시하고 있다. 즉 일제의 어둠 속에서도 광복의 소망을 잃지 않고 해가 다시 떠올라 아침이 오고 다시 "힘 있고 새로운 歷史가 光明한 그 아침에 쓰여진다"는 것을 믿고 있다.

그러한 믿음과 소망은 조국을 잃은 상실감과 그리움이 그만큼 간절했기 때문이다. 시 <엄마 · 밤>에서 시인은 "어머니와 떨어져 혼자 자는 아이와 같이 외로운 밤/ 省線電車의 마지막 커브가 잠옷을 입고 머얼리 들려오고 "라고 조국을 잃은 자신을 어머니와 떨어져 있는 아이에 비유한다. 그리고 잠옷을 입은 채 마지막 성선전차를 타고 올 어머니를 기다리는 고아처럼 빼앗긴 조국을 그리워하고 있는 것이다. 또한 시 <離別의 序曲>에서는 조국 상실의 아픔을 "아아, 마음은 멀리 沙漠의 地圖를 펴들고/ 매아미 허물같이 외로와 외로와…"라고 직설적으로 토로하고 있다. 그리고 시 <떠남>에서는 "아아, 떠남 너의 발자취를 덮을 땅 위의 바람과 눈이 영원히 없음을 너는 모르느냐"고 상실한 조국에 대한 지울 수 없는 그리움과 역사의식을 보여주고 있다.

또한 김현승 시인은 시 <默想 數題>, <洞窟의 詩篇(其一)>, <洞

窟의 詩篇(其二)> 등을 발표하였는데 이 시들은 연마다 소제목을 달고 있다. 특히 <洞窟의 詩篇>의 시편 두 작품은 각 연마다 소제목을 달고 그 앞에 번호를 붙였는데 1부터 10까지 이어지고 있다. 그 중 <洞窟의 詩篇(其一)>의 셋째 연에 "3 默想"이란 소제목을 달고 "비는 흩어지고/ 골목은 전등불을 켰다./ 사람들은 박쥐날개를 쓰고/ 말없이 걸어간다"라고 나라를 잃고 슬픔을 견디고 있는 민족의 현실을 암시하고 있다.

이상에서 보이듯 김현승 시인은 조국을 상실한 어두운 현실에서 그 어둠에 매몰되지 않고 역사의식을 갖고 조국광복의 소망과 믿음을 잃지 않고 기다리고 있다. 그러한 시인의 내면은 밤의 어둠 속에서도 별빛을 바라보고, 밝아 오는 아침 또는 새벽을 그리는 것으로 형상화된다. 그것은 그의 시 곳곳에 '어둠/빛' 또는 '차가움/뜨거움'으로 대립적 구조를 드러낸다. 그것은 믿음과 소망과 사랑을 기초로 하여 부활과 구원을 믿는 시인의 기독교적 신앙과 밀접한 관련을 맺고 있다. 즉 김현승 시인은 어둡고 차가운 일제의 압제 속에서도 기독교적 신앙을 갖고 묵도하며 빛이 밝아 올 아침과 새벽, 즉 조국 광복을 기다리며 이를 시로써 형상화한 것이다.

3. 황혼과 새벽, 그 경계의 시간

김현승 시인이 일제시대에 쓴 시에서 새벽과 황혼 등 경계의 시간이 유달리 많이 등장한다. 그 경계의 시간인 황혼과 새벽은 낮과 밤의 특성이 공존하는 양성구유의 시간이요 시간의 흐름이 멈춘 정지된 수직적 시간이다. 이 시간에 인간과 만물은 지상의 활동을 멈추고 수직적 축의 상위에 존재하는 절대자를 생각하며 신비한 영적 체험을 한다.

수탉의 울음소리 고요한 하늘에 오르고
집 위와, 空中과 먼 山에 鮮明한 沈默이 안개와 같이 기어다닐 때
당신은 일찌기 아침을 아름다워하였읍니까?
山봉우리 피어오르는 處女光과 함께 이슬을 몰고 날아가며, 서며, 혹은 놓여 있는
透明한 아침의 모든 족속들이.

그러나, 寢室을 暗示하는 곳- 낮은 하늘과 草地와 머언 人家와 黃土 언덕과 森林과 江 건 너는 늙은 나룻배 위에
진달래빛 그윽한 深呼吸이 흘러갈 때
黃昏은 또한 아름답지 않습니까?
노을을 입고 깃들이며, 누우며, 혹은 사라지는 하늘
땅의 젊음의 모든 表情들이.

-〈아침과 黃昏을 데리고 갈 수 있다면〉 1, 2연

1연에서는 아침, 2연에서는 황혼의 풍경을 묘사하고 있다. 일상적 층위에서 보면 아침과 황혼은 해가 뜨고 지는 시간으로서 대립적이지만 위의 시에서는 모두 아름다운 시간으로 의미상 등가성을 갖는다. 그런데 1연에 등장하는 공간들은 '하늘,[6] 집 위, 공중, 먼 산,[7] 산봉우리' 등으로 대부분 지상보다 높은 곳들이다. 이들은 '오르고, 피어

---

6) G. Bachelard, 김현 역, 「몽상의 시학」, 홍성사, 1982, 198쪽.
"하늘이란 우주적 이미지는 인간에게 구체적 휴식을 제공한다."

7) C.Noberg-Sculz, *Existence, Space And Architecture,* (New york: Praeger Publishers, 1971), 89~90쪽. 참조.
산이 수평축으로 폐쇄되어 있고 하늘로만 개방되어 있는 것은 파르테논 건축물의 구조와 상동적이다. 파르테논 신전은 수평축으로 닫혀 있고 하늘과 통하는 천장에 창이 나 있으므로 聖的인 집이며 일반 건축물과 달리 종교적 의미를 갖는다.

오르는, 날아가며' 등으로 대부분 상승성을 지닌 동사와 결합되어 있다. 그리고 '기어다닐'이란 수평적 이동을 의미하는 동사가 등장하지만 그 주체인 침묵이 수직과 수평 이동을 할 수 있는 안개에 비유되고 그 이동은 평지보다 높은 곳에서 일어난다. 현실적 삶이 이루어지는 평지에 있는 수탉의 울음과 대립되는 '하늘의 沈默, 處女光'은 매개적 공간에서 수직적인 소통을 하게 되는 것이다. 이렇게 아침은 지상적 존재들이 천상적인 빛을 만나는 투명한 시간이다.

2연에서 황혼은 하늘과 땅의 여러 공간이 '寢室을 의미하는 곳'으로 변화되며 그 위에 '진달래빛 그윽한 深呼吸'이 흘러가는 시간이다. 즉 천지는 모두 '땅의 모든 젊음'이 '노을을 입고 깃들이며, 누우며' 잠이 들어 깊은 휴식을 취할 수 있는 평화로운 공간이 된다. 그리고 노을 속으로 하늘도 함께 사라짐으로써, 땅의 젊음과 하늘이 노을 속에서 하나가 된다. 즉 황혼은 단절된 지상과 천상을 이어주며, 지상적 존재인 젊음을 잠들게 하고 신비한 천상의 세계로 이끄는 매개적 시간이 된다. 이상과 같이 아침과 황혼은 모두 천지가 하나로 이어짐으로써 그 단절이 무화되는 시간이며, 지상적 존재들이 천상의 비밀을 체험하는 신령스런 시간이다.

다음 시는 낮으로부터 밤으로 이행하는 경계의 시간인 '황혼'을 시간적 배경으로 하고 있는데 위에서 보이는 그런 시적 의미를 극명하게 보여 주고 있다.

> 海岸의 黃昏은 姙產婦의 고요함과 근심스러움 같습니다.
>
> 언덕 위의 프레젠트-바다의 珍珠와 珊瑚와 新鮮한 生鮮을 내어버리고 피곤한 태양은 바다의 푸른 寢室로 들어갔습니다.
>
> 紫色에 물든 안개는 黃昏의 貞操
> 晩鐘의 머리맡에서 浦口의 돛대가 默禱를 올립니다.

無人 孤島에 探險갔던 작은 물새가 돌아왔건만
밀려 오고 스치는, 스치고 지나가는 물결의 외로움.
멀리 水平線 우으로 感傷이 群集할 때,
구름은 쓸쓸히 黃昏의 宿泊所를 찾고 있습니다.

黃昏을 보고 싶다 하여 海岸을 찾아온 당신은 어찌하여 말이 없읍니까?
곱고 아름다운 듯하나 가슴을 쪼개는 黃昏이기에 말입니다.

-〈黃昏〉 전문

황혼은 붉게 물든 저녁 무렵의 하늘 또는 구름의 빛을 뜻하면서도 그것을 볼 수 있는 시간을 지시하는 말로 쓰인다. 위의 시에서 역시 황혼은 그러한 두 가지 의미를 동시에 갖고 있다. 그런데 황혼의 시간은 '姙産婦의 고요함과 근심스러움, 외로움, 감상, 쓸쓸히, 곱고 아름다운, 가슴을 쪼개는' 등이 암시하는 대립적이고 상반된 감정들을 동시에 내포하고 있다. 그리고 황혼이 물드는 그 해안은 바다와 육지의 경계로서 '밀려 오고 스치는, 스치고 지나가는', 즉 만남과 이별이 공존하는 곳이다. 그리고 그 경계의 시간과 공간에서 피곤한 태양이 푸른 침실로 들어가고, 하루 종일 고기잡이 나갔던 포구의 돛대들이 안식을 누리며 묵도를 올린다. 그러한 안식의 의미는 무인고도에 탐험 갔던 물새가 돌아오고, 구름이 황혼의 숙박소를 찾음으로써 더욱 강조된다.

특히 일상적인 노동이 끝나고 '黃昏의 貞操'인 '紫色에 물든 안개' 속에서 묵도하는 돛대의 수직적 심상은 그 시간이 영적 시간임을 암시한다. 신비한 신의 색깔인 紫色[8]에 물든 안개가 낮 동안 환히 보

8) R. Ingrid, 앞의 책, 179~180쪽 참조.
저자는 이 책에서 자색, 즉 보라색 의미를 가장 순수하게 구현한 원형적 형상

이던 물상들을 가린 시간에 비로소 시인은 희미하게 모습을 드러내는 절대자를 생각하기 때문이다. 그런 시간에 '黃昏을 보고 싶다 하여 해안을 찾아온 당신은' '가슴을 쪼개는' 듯한 아픔을 느끼며 말없이 그 풍경 속에 서 있는 것이다. '당신'이 곱고 아름다운 황혼을 보면서도 그와 대조적으로 아픔을 느끼는 것은 절대자와 진정한 소통이 되지 않기 때문이다. 그런 '당신'의 심정은 국권을 상실하여 진정한 안식을 누리지 못하는 시인의 내면을 반영한다. 그러나 황혼이 임산부에 비유되고 태양이 희망의 상징인 '푸른 寢室'로 들어간다는 비유는 외롭고 아픈 그 순간에도 부활에 대한 소망을 갖고 있는 시인의 내면을 암시한다.

한편 김현승 시인이 일제시대에 쓴 시들에서 새벽 또는 아침을 시간적 배경으로 하는 시들은 전체 작품 수에 비하면 많은 비율을 차지한다. 앞에서 예로 든 <어린 새벽은 우리를 찾아온다 합니다> 외에도 <아침>, <새벽은 당신을 부르고 있읍니다>, <새벽 교실>, <새벽> 등이 있다.

(1)
새벽의 보드라운 觸感이 이슬 어린 窓門을 두드린다
아우야 남향의 寢室門을 열어 제치라
어젯밤 자리에 누워 헤이던 별은 사라지고
鮮明한 물결 위에 아폴로의 이마는 찬란한 半圓을 그렸다

-〈아침〉 1연

으로 예수그리스도를 들고 있다. 그리고 예수의 길과 예수가 걸어 간 과정을 빨강의 몫(인간)이 파란색 몫(하나님의 아들)을 위하여 굴복된 보라색으로 표현할 수 있다고 하였다.

(2)

빨간 숯불을 기다리는 午後에 깨끗한 洗濯物을 입고 자장가 부르던 빨랫줄이

새벽의 프레젠트-맑은 이슬을 모아 놓고 훌륭한 作品의 鑑賞者를 부르고 있읍니다그려!

아아 여보 얼마나 훌륭한 作品인 이슬들입니까?

날마다 모든 사람들이 疲困을 씻으려는 자리에 누워 構想하는 世界가 새벽의 맑고 고요한 틈을 타서 저렇게 作品化된다 합니다.

그러나 밀밭과 노래를 좋아하는 참새들이 일어날 때 다 따먹고 말겠지

-시 〈새벽은 당신을 부르고 있읍니다〉 2연

시 (1)에서 제목은 '아침'이고 본문에는 '새벽'이라고 하는 것을 보면 두 시간어가 동의어로 쓰임을 알 수 있다. 새벽에 창 밖에서 이슬이 문을 두드리고 화자는 청자에게 '寢室門을 열어제치라'고 명령하고 있다. 어젯밤 헤아리던 별보다 더 환한 '찬란한 半圓', 즉 태양이 떠오르기 때문이다. 이 시에서 새벽은 이슬과 빛을 맞이하는 시간이요 새롭게 꿈을 펼치는 시간이다. 시 (2)에서 역시 앞의 시처럼 이슬이 등장하는데, 그것은 '새벽의 프레젠트'와 '훌륭한 作品'으로 비유되고 있으며 아침의 '맑고 고요한' 분위기를 조성하는 핵심적 소재이다. 그 아침은 '사람들이 피곤을 씻으려는 자리에 누워 構想하는 世界'가 작품화되는, 즉 사람들의 꿈이 구체화되는 시간이다. 두 시에서 공통적으로 등장하는 '이슬'[9]은 투명한 아침과 어두운 밤을 차이화하는 변별적 요소이다. 그리고 관념적인 아침을 대신하는 상징으로서 그

9) G. Bachelard, 「大地와 意志의 夢想」, 민희식 역, 삼성출판사, 1982, 403쪽. "이슬은 하늘의 甘露이며 별들의 우유이다. 드로샤에 있어 이슬은 <모든 사물의 근원적인 습기>이며, <하늘이 땅위에 보내는 우유>인 것이다."

투명성으로 빛과 등가관계를 이루며 밤의 어둠과 대립된다.

그런 아침에 김현승 시인은 시 <새벽>에서 “나는 너를 보고 내일을 믿는다/ 더 힘있게 내일을 사랑한다./ 그리하여 힘 있게 오늘과 싸운다”고 직설적으로 고백하고 있다. 이를 종합하면 ‘아침’은 밤의 어둠과 대립되는 맑고 밝은 시간이며 밤 동안 꿈꾸고 기다리던 소망의 빛을 맞이하고 내일을 믿고 싸울 것을 다짐하는 시간이다. 그것은 김현승 시인이 어둠이 상징하는 일제의 억압 속에서도 절망하지 않고 조국의 광복을 염원하며 되찾으려는 소망을 암시한다. 또한 시 <새벽 교실>에서 “爆彈과 같이 태양은 멀리 밤을 깨뜨립니다”라고 빛이 밤의 어둠을 깨뜨리고 승리하는 새벽의 시적 의미를 암시하고 있다. 그리고 청자인 당신들에게 “세기의 창을 열고/ 새날의 徑輪과 謳歌로 우렁차게 突破하는 새벽을 바라보지 않으렵니까”라고 질문을 던지고 있다.

이상에서 보이듯 김현승 시인의 시에서 ‘새벽’은 ‘아침’과 동의어로서 밤의 어둠과 대립되는 이슬과 빛의 시간이다. 즉, 어둠의 문을 열고 나와 다가오는 그 맑은 이슬과 밝은 태양빛을 맞이하는 광복의 상징이다. 김현승의 시에서 유달리 새벽이란 시간이 제목은 물론 시 속에 많이 등장하는 것은 그만큼 광복에 대한 소망이 컸다는 것을 암시한다. 그리고 밝은 태양이 떠오름으로써 어둠의 세계가 빛의 세계로 전환되는 새벽이 그의 시에서 많이 등장한다는 것은 시인의 기독교적 시인의 기독교 신앙과 깊은 관련이 있다. 성경 곳곳에서 예수는 종종 빛에 비유되는 것을 많이 볼 수 있다.[10] 따라서 기독교적 관점에서 본다면 새벽은 빛이 상징하는 예수의 권능이 임재하여 소망이 성취되는 시간이다.

10) 신약성경 요한복음 1장
1절 “그 안에 생명이 있었으니 이 생명은 사람들의 빛이라.” 9절 “참빛 곧 세상에 와서 각 사람에게 비춰는 빛이 있었나니”

특히 김현승 시인은 구약성경의 '아가'를 패로디 한 시 <너와 나>는 그의 시정신이 기독교 신앙에 깊이 뿌리를 두고 있음을 깊이 보여준다.

(1)
나의 사랑하는 자는 내게
엔게디 포도원의 고벨화 송이로구나
내 사랑아 너는 어여쁘고 어여쁘다
네눈이 비둘기 같구나
나의 사랑하는 자야
너는 어여쁘고 화창하다
우리의 침상은 푸르고
우리 집은 백향목 들보,
잣나무 석가래로구나
나는 사론의 수선화요,
골짜기의 백합화 같구나

–구약성경 〈아가〉 1장 13절-2장 2절

(2)
너의 희망은 하늘 위에 빛나는 별과 같고나.
너의 이야기는 밤비 오는 봄날과 같고나.
너의 잔에는 붉은 술이 넘쳐 흐르는고나.
너는 휴전의 나팔 소리를 듣는 병사와 같고나.

나의 눈은 까마귀의 소리와 같이 거칠고나.
나의 모양은 압록강의 흘러가는 뗏목과 같고나.
나의 마음은 회오리바람 부는 장터와 같이 어수선하고나.

나의 뜻은 파도를 맞는 바위의 울음과 같고나.
나의 추억은 북빙양 얼음장 찢어지는 소리와 같이 서글프고나.

-시 〈너와 나〉 1, 2연 일부

위에서 보듯 <아가>와 <너와 나>는 모두 '너, 나'를 주어로 하고 직유법을 주로 사용하고 있다는 점이 같다. 다만 <아가>에서는 너와 나가 모두 긍정적 이미지로 비유되었는데, 시 <너와 나>는 너에 대한 비유는 긍정적이지만 나에 대한 비유는 부정적이라는 차이가 있다. 그런데 시에서 '너'는 바로 일제에 억압당하고 있으나 아름답고 사랑해야 할 조국이다. 그리고 '나'는 조국의 현실을 두고 괴롭고 아파하지만 힘이 되지 못하는 자신을 대신하는 시적 화자이다. 특히 이 시에서 화자인 '나'는 거칠고, 어수선하고, 서글프다고 부정적인 고백을 하고 있다. 그러나 그런 중에도 조국의 현실을 비관하지만 않으며 '너의 희망은 하늘 위에 빛나는 별과 같고나'라고 노래한다. 그리고 "나의 하루는 아들을 때리고 난 아버지의 마음 같고나"라고 망국민의 아픔을 노래하며 민족의 역사에 대한 깊은 우려와 사랑을 보여준다. 그리고 그의 말대로 기독교의 경전인 성경은 그의 시 쓰기에 커다란 영향을 끼쳐 왔음을 입증해주고 있다.

4. 결론

이상에서 논의한 바를 요약하면 다음과 같다.

김현승 시인의 초기 시에서 새벽 또는 아침과 밤은 대립적 구조를 이루는데 '밝음/어둠, 뜨거움/차가움' 등의 감각적 대립에 의해 그 차이가 더욱 강화된다. 이러한 대립은 어둡고 차가운 밤에도 새벽 또는 아침의 태양을 기다리는 화자의 소망으로 무너진다. 그것은 결국 일제의 억압 속에서도 절망하지 않고 이를 극복하고 광복을 이루고자 하는 시인의 내면을 반영한다.

낮과 밤의 경계인 황혼과 새벽 또는 아침은 신을 생각하고 기도하는 시간으로 의미상 등가성을 갖는다. 아침 또는 새벽은 빛이 밝아오고 어둠이 밀려가는 시간이며 지상적 존재들이 천상의 빛을 만나는 투명한 시간이다. 그런 아침이 밝아 오는 것은 밤의 어둠 속에서도 별을 바라보며 빛이 밝아 오리라 기다리던 믿음과 소망이 있었기 때문이다. 김현승 시인의 시에서 많이 등장하는 새벽은 그러한 믿음과 소망이 구체화되고 실현되는 시간이며 역사적으로 보면 광복이 이루어지는 시간이다. 황혼은 어둠이 밀려오는 시간이지만 어둠과 빛, 상반된 두 감정이 공존한다. 그 시간에 하루의 노동을 끝내고 평화와 안식 속에서 신의 존재를 생각하며 묵상을 하는 영적 시간이다.

이상과 같은 시간적 구조의 특징과 시간의 시적 의미는 시인의 기독교적 신앙과 밀접한 관련을 갖는다. 밤의 어둠 속에서도 절망하지 않고 새벽을 기다리는 자세는 믿음과 소망과 사랑을 기본 교리로 하는 기독교적 신앙에 깊은 뿌리를 두고 있다. 즉 김현승 시인은 빛이 상징하는 예수의 권능을 믿고 의지하며 민족의 역사를 의식하고 광복을 맞이하려는 믿음과 소망을 시로써 노래한 것이다. 즉 기독교적 신앙을 기초로 일제의 억압을 이기고 민족의 광복을 맞이하려는 소망을 시간의 대립적인 구조로 형상화하고 그 시간의 의미에 의해 보여 주고 있다.

이러한 시적 특징은 오늘날 기독교 시들이 기독교적 시어와 관념적 진술로 신앙 내용을 표현하려는 것과 대조적이며 많은 것을 시사한다. 물론 지금까지 살펴본 초기 시에서도 그러한 결함을 많이 지적할 수 있다. 그러나 김현승 시인은 당시 학생 신분으로 처음 시를 발표하기 시작하던 때요 일제의 억압이 날로 강화되고 있던 특수한 시기였다는 점이 고려되어야 할 것이다. 그런 중에도 초기 시들이 시간적 구조를 구축하고 그 걸 뼈대로 이미지를 묘사하여 민족의식과 광복에 대한 소망, 그리고 신앙적 자세를 형상화하는 데 많은 성공을 거두고 있다. 이는 신앙적 내용을 시적 구조로 구체화하고 형상화할 때 미적 감동을 줄 수 있는 진정한 기독교 시가 될 수 있음을 보여주는 한 예이다. 그리고 그의 초기 시에서 보이는 내용과 형식적인 특징은 광복 이후 그의 시적 기초가 되어 더욱 심화와 확장이 되었다. 앞으로 이 연구 결과를 바탕으로 김현승의 초기시의 특징이 후기 기독교시에서 어떻게 유지되고 변모되어 갔는가를 밝히는 연구가 지속되길 바란다.

참고 문헌

김상엽, 「金顯承 詩 硏究」, 단국대학교 석사학위논문, 1975.

김운룡, "김현승 평전" 「김현승 한국현대시인연구 10」, 문학세계사, 1993.

김현승, "詩였던 예수의 言行", 김운룡 편저, 「김현승 한국현대시인연구 10」, 문학세계사, 1993.

______, 「김현승 시전집」, 민음사, 2005.

박이도, 「茶兄文學考」, 숭전대학교 석사학위논문, 1977.

양왕용, "일제 강점기 크리스천 시인의 시와 기독교 세계관 연구", 韓國現代詩와 基督敎 世界觀 硏究」, 창조문학사, 2005.

Bachelard, Gaston (1982), 「大地와 意志의 夢想」, 민희식 역, 삼성출판사.

_______________ (1982), 「몽상의 시학」, 김현 역, 홍성사.

Ingrid Ridel(2004), 정여주 역, 「色의 신비」, 학지사.

Nobe.g-Sculz, C (1971), *Existence, Space And Architecture,* New york:: Praeger Publishers, 1971.

이족(彝族) 「무지인(母鷄人)」의 세시풍속과 민간신앙

홍 희 | 대진대학교 중국학과 부교수

1. 서언

云南 金平(金平苗族瑤族傣族自治縣)은 云南省 동남쪽, 紅河 남쪽의 哀牢山 지역에 위치한 산간지역으로 베트남과 국경을 마주하고 있는 변경지역이다. 예로부터 이곳은 교통이 불편하고 산악이 험준한 蠻荒의 땅으로, 홍하를 경계로 강의 안과 밖은 문명과 야만을 가르는 분계선이었다. 紅河 밖 남쪽 지역을 "강 밖 18土司의 땅".[1]이라고 하여, 명 洪武 年間부터 중앙으로부터 통치권을 위임받은 세습 지방관인 토사가 다스리던 곳으로, 실제로는 토사들이 일방을 독패하면서 봉건영주제를 시행하였다. 이 지역은 다양한 소수민족이 잡거하던 곳으로 중앙정치의 힘이 제대로 미치지 못하였으며, 민족마다 서로 다른 자연환경 속에서 저마다 다른 생활방식과 경제 형태를 유지하며 살아왔다. 1950년대에 중국 정부로 편입된 후에도 99%가 산악 지역으로

1) ≪霧海擁抱的山魂≫, 王清華, 云南民族出版社, 2000, 2쪽.

이루어졌으며, 교통이 극히 불편하여 외부에 제대로 알려지지 않은 신비한 지역이었다. 이 지역에는 8개 민족과 지금까지도 아직 민족 명칭이 정해지지 않은 망인(芒人)이 대대로 이곳에서 살아오고 있다. 金平현에서 소수민족이 차지하고 있는 인구 비율은 85.3%로 여러 민족이 어울려 살고 있는 대잡거(大雜居) 지역이라 할 수 있다.2)

필자는 2003년부터 2004년까지 모두 3차에 걸쳐 이 지역의 소수민족에 대한 현지조사를 했다. 1차는 2003년 12월 24일부터 12월 31일까지 金平현의 金河鎮, 銅廠鄕, 金水河鎮, 勐拉鄕, 者米拉祜族鄕 일대의 주요 도로를 중심으로 민족 분포와 주변 촌락의 구성과 특징들에 대한 개괄적인 조사를 하였다. 이를 바탕으로 2004년 1월 5일부터 25일까지 21일간 주요 촌락을 선정하여 생태환경과 민족의 전통문화, 주변 민족 간의 문화교류와 현대화에 따른 문화변동 등에 관한 기본적인 조사를 실시하였으며, 설을 중심으로 한 제사와 축제, 농한기의 일상생활과 의식에 관해 부분적인 설문 조사를 병행하였다. 3차 조사는 8월 5일부터 16일까지 이족마을인 치라촌(期腊村), 야오족의 廣西寨를 중심으로 민간신앙을 중심으로 한 전통문화가 현대화 과정 속에서 어떤 영향과 변화를 초래하고 있는지를 조사하였다. 이 논문은 이런 조사를 바탕으로 이족의 支系로 분류되는 무지인(母鷄人)의 세시풍속과 민간신앙을 중심으로 한 조사보고서이다.

이 지역은 베트남과 인접한 변경 지역이며, 산의 고도에 따라 8개 민족이 분포되어 있다. 무지인이 살고 있는 치라는 勐拉鄕을 지나 藤條江을 건너는 다리를 기점으로 하여 베트남 국경 쪽으로 올라가는 新南公路 변에 위치하고 있다. 기점이 되는 멍라향은 텅탸오강을 끼고 있는 해발 300m 정도 하곡 지역으로 다이족(傣族)이 사는 곳이며, 이전에는 다이족 멍라도씨(勐拉刀氏) 토사의 정치 중심지였다.

---

2) ≪金平縣苗族瑤族傣族自治縣2000年人口普查資料≫, 金平縣苗族瑤族傣族自治縣第五次人口普查領導小組辦公室.

金平縣內 勐拉鄉 및 金水河鄉의 촌락 지도 (縮圖 1 : 125,000)

지금은 바나나 농장과 고무나무 농장 등으로 한창 발전을 향해 나가고 있으며, 외지 자본인 廣東大糖公社가 들어오고 발전소가 건설되면서 한족의 상권이 유입되고 있다. 이로 인한 원주민의 농장 노동자로의 전락과 전통적인 생활방식의 급격한 변화가 빠르게 진행되고 있다. 해발 800m 지점에는 요족이 살고 있는 平安寨가 있으며, 이 지역은 고무나무와 열대작물을 재배할 수 있는 분기점이다. 그러나 외지인의 토지매입과 현지인의 농장 노동자로의 전락이 빠르게 이루어지고 있는 지역이기도 한다. 여기에서 흙길로 12km를 올라가 해발 1000~1400m 주변에는 老劉村公所를 중심으로 하니족(哈尼族), 먀오족(苗族), 이족(彝族) 등의 7개 자연촌들이 분포되어 있다. 산 중턱 지역에 사는 하니족은 산을 개간하여 다랑논을 만들어 벼농사를 위주로 살아가고 있으며, 먀오족은 화전으로 옥수와 감자, 약초 등의 산지농업을 위주로 살고 있다. 이 중 이족(彝族)의 한 지계(支系)인 「무지인」은 암탉을 숭배하고 있으며 원시신앙이 그대로 보존되어 있다. '무지인'

은 이족 중에서 아직 중국 학계에도 보고되지 않았으며, 200년 전에 베트남에서 이곳으로 이주하여 정착한 민족이다. 이들은 일부 다랑논과 산지농업을 겸하여 살아가고 있다. 이 위로 해발 1500m 주변의 普覺村公所를 중심으로 하니족과 야오족(瑤族)·라후족(拉祜族)이 거주하고 있는 자연촌이 분포되어 있다. 이 중 廣西寨는 요족의 한 갈래인 平頭瑤를 중심으로 소수의 라후족이 함께 살고 있는 마을이다. 2003년 9월 29일에 촌공소에서 이곳까지 10.8km에 이르는 길이 촌민들의 集資로 막 개통되었으며, 차가 다닐 수 있는 외부로의 통로가 열리면서 새로운 문화적 변화가 진행되고 있다. 廣西寨 마을 위에는 藍靛瑤가 살고 있는 냉파(冷坡)라는 자연촌이 있다.

이 길의 끝에는 라후족과 망인(芒人)이 살고 있는 지역이다. 라후족은 밀림 속에서 원시적인 생활을 하다가 중국 정부에 의하여 이주하여 정착한 고충인(苦忠人)이다. 고충인은 1985년에 라후족으로 편입되었으며, 여러 차례 정착에 실패하여 밀림 속으로 돌아갔다가 정착해가는 과정 속에 있다. 망인과 고충인은 이 지역 민족 중에서도 가장 빈곤하고 낙후된 민족으로 손꼽히고 있으며, 정부의 중요한 扶貧대상이기도 하다.

신남공로는 해발 300m에서 1780m 사이를 오르는 42km의 산길에 해발 고도에 따라 각기 다른 생태 환경 속에서 7개 민족과 1개 인종이 공존하고 있는 지역이다. 길을 사이에 두고 각 민족들마다 현대화에 따른 사회 경제적인 변화가 일어나고 있으며, 여전히 자신들의 전통문화를 지키면서 그 변화에 적응해 가고 있었다. 이처럼 산길을 올라가면서 한 지역에서 해발 고도와 민족 간의 특이한 문화와 사회가 병존하고 있는 지역은 그리 흔하지 않다. 그 중에서도 치라촌에 살고 있는 '무지인'은 이족으로 분류되고 있으나 특이한 원시신앙과 풍속 등의 여러 가지 특징들은 지니고 있다. 주변 민족들과 잡거하면서 민족의 생활방식과 사회형태에서는 많은 교류와 영향을 받아오면서도

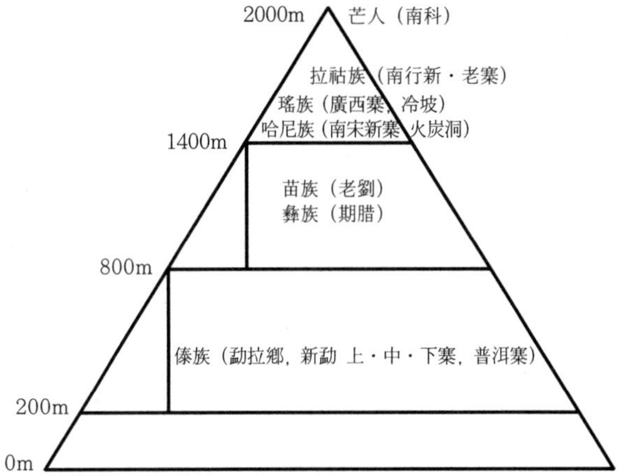

金平縣內 金水河鄉과 勐拉鄉의 민족 및 村寨 수직분포도

여전히 문화적인 특이성을 보존하고 있다. 이런 특수성에도 불구하고 '무지인'에 대해서는 아직까지 정식으로 학계에 보고된 자료가 없으므로, 기초 조사를 바탕으로 여러 측면에서 다각도로 연구할 필요성이 제기되고 있다.

2. 치라의 무지인

金平현은 베트남과 접경지역으로 중월국경선이 502km나 이어진다. 金平에는 예로부터 먀오(苗), 야오(瑤), 다이(傣), 하니(哈尼), 이(彝), 좡(壯), 라후(拉祜), 한족(漢族) 등 8개 민족과 아직 민족으로 분류되지 않은 망인(芒人)이 살고 있다.[3] 金平의 소수민족은 민족간에도 서로 다른 20여개의 족군으로 나눌 수 있다. 2000년 제5차 인

3) ≪金平苗族瑤族傣族自治縣志≫, 云南省金平苗族瑤族傣族自治縣志編纂委員會, 三聯書店, 1994, 113쪽.

구조사에 의하면 金平현의 인구는 316,171명이다. 이중에서 이족이 37,837명으로 총인구의 12%를 차지하고 있다.[4] 金平의 이족은 서로 자신들이 부르는 명칭에 따라 '니수(尼蘇)', '아푸(阿普)', '라오우(老烏)', '아루(阿魯)', '무지(母鷄)'의 5개 족군으로 나눌 수 있다. 이 5개 족군은 언어에도 차이가 있어서 무지인과 이족의 다른 족군은 서로 언어가 통하지 않는다. 풍속이나 습관도 서로 차이가 크며 거주환경이나 복식 등에도 확연한 차이를 보이고 있다. 이 중에서 무지인은 중국 전역에서 단지 치라 마을에 모여 살고 있는 극히 작은 족속으로 분류될 수 있으나, 민족 식별을 하면서 이족으로 분류하였지만 이들은 스스로를 '무지인'이라고 한다. 자칭 '무지'라고 부르는 이족은 金平에서도 비교적 특수한 족군으로 주로 金水河鎮 老劉村의 치라자연촌에 살고 있다. 이 마을은 해발 950m의 산 중턱에 자리잡고 있으며, 진정부 소재지에서 23km 떨어져 있다. 老劉는 행정촌으로 그 밑에 14개의 자연촌으로 되어 있고, 이족, 먀오족, 하니족이 잡거하고 있으며, 치라는 老劉에 속하는 작은 자연촌이다. 치라의 마을 인구는 106 가구에 484명으로 모두 '무지인'이다. 이밖에 소수의 '무지인'은 老集寨鄉의 灣塘村에 살고 있다. 이들 '무지인'은 아직 정식으로 학계에 알려지지 않은 족군으로 치라의 무지인은 '암탉족'이라고 하며, 완당촌은 '수탉족'이라고 스스로 구별을 하고 있다. '수탉족'은 모자가 수탉 벼슬처럼 생겼다고 해서 '수탉족'이라고 부른다. 그러나 '수탉족'과는 언어가 20% 정도밖에 통하지 않으므로, 왕래가 드물고 통혼도 거의 없었다. 단지 최근에 '수탉족'에서 한 여자가 치라로 시집온 예가 있을 뿐이다.

치라는 新南公路가 마을을 가로지르고 있어 교통이 비교적 편리하며 도로를 주변으로 전기가 들어오고 있어, 2000년에 이미 전기를 사

4) 《金平縣苗族瑤族傣族自治縣2000年人口普查資料》, 金平縣苗族瑤族傣族自治縣第五次人口普查領導小組辦公室.

용할 수 있게 되었다. 이 지역은 남방의 열대 기후로 고무나무나 바나나와 같은 열대작물로 소득을 올릴 수 있는 지역이지만, 산으로 올라갈수록 기온이 낮아져, 해발 800m 이하에서나 고무나무와 같은 열대작물을 경작할 수 있는 분계선이 되고 있다. 또 이 지역의 특산물인 고가의 향신료 草果는 해발 1200~1600m의 밀림 속에서 자라고 있다. 치라는 해발 1000~1200m의 산 중턱에 위치하고 있어서 고소득을 올릴 수 있는 열대작물이나 草果를 재배할 수 있는 자연환경에서 제외되고 있다. 그러므로 다랑논과 밭에서 경작할 수 있는 벼와 보리 감자, 옥수수 등이 주산물로 여전히 전통적인 농업형태에서 벗어나지 못하고 있다. 1995년 치라의 농민 1인당 평균소득은 214원이었으며, 2003년에는 403원으로 빠르게 소득이 높아지고 있다고는 하지만 여전히 생계를 걱정해야 하는 빈곤마을에 속하고 있다. 외형적으로는 1995년, 슬레이트로 지붕을 개량한 집이 3집에 불과했으나 2003년에는 전체 106호 중에서 초가집은 25호로 24%로 줄어들었다. 2000년에 보급되기 시작한 TV가 2003년에는 90대로 85%에 이르며, 이중 컬러TV는 51대로 54%나 되고 있다.[5] 치라는 도로변에 위치하고 있어 운송수단이 노새나 등짐에서 동력을 이용하게 되었다. 경운기가 5대에다 2003년에는 농가트럭 2대가 들어와 7가구가 운수업에 종사하고 있으며, 작은 상점과 식당을 겸업하고 있는 농가도 3호이나, 여전히 농업을 생업으로 삼고 있는 전형적인 농촌마을이다. '무지인'은 자신들의 언어를 사용하며 문자는 없다. 40세 이상의 주민들 대다수가 문맹으로 외부와 통할 수 있는 기본적인 중국어 구사 능력은 지니고 있으나, 여전히 의사소통이 극히 어려울 정도이다. 30세 이하에서 중학교 졸업자는 8명이며 외지로 나가 노동을 하는 인구는 2명으로 폐쇄된 환경 속에서 생활하고 있다.

5) 1995, 2000, 2003년 ≪農村經濟統計綜合年報表≫, 老劉辦事處.

마을 이름인 '치라'는 무지어로 '개'라는 의미이다. 전해지는 말에 의하면 무지인은 8대 선조가 200여 년 전에 살길을 찾아 베트남에서 이주해 왔다고 한다. 처음 이주하여 '무지충'에 살다가 뒤에 이곳에 정착하게 되었다고 한다. 처음에는 단지 2가구가 개를 데리고 정착하였는데 개의 번식이 빨라 마을 이름을 '치라'라고 불렀다고 한다. '무지인'은 남자를 '무지바'라 부르고 여자를 '무지마'라고 부른다. 현지 사람들은 이들을 서로 다르게 부르고 있다. 다이족은 '차파(查坡)'라고 부르며, 한족은 '무지족(母鷄族)'이라고 부른다. '무지족'은 중국어로 표기하거나 부를 때 '암탉족'이라는 의미가 된다. 그러나 무지는 이족어로 한자의 의미와는 상관없이 단순하게 음을 표시한 것이라고는 하나, 무지인과 암탉은 특별한 연관성을 지니고 있었다. 지금 노류촌의 지부서기를 맡고 있는 장뢰(張雷)는 암탉이 알을 낳고나서 '꾸더꾸더' 우는데, 무지바의 언어에는 '더'라는 어기조사가 자주 사용되므로, 다른 민족이 무지인의 말이 암탉 우는소리처럼 들린다고 하여 '암탉족'이라 부른다고 하였다. 그러면서 자신들도 왜 '암탉족'인지는 정확하게 설명하지 못하였다. 치라의 동제(洞祭)와 설에 나타나는 제의에서 보면 암탉과 무지인 사이에는 토템과 같은 특별한 관계가 있다는 사실을 알 수 있었다. 무지인은 암탉을 인간의 어머니라 하고, 계란을 어머니의 어머니라고 말한다. 무지인은 지금도 닭과 관련된 금기들이 있으며, 신구가 교차되는 한 해의 시작도 닭날을 기준으로 삼고 있다. 이들의 금기에도 암탉이 수탉소리를 내면 바로 잡는다. 닭의 머리를 잘라 삼거리에 'Y'자형 나무를 꽂고 그 위에 머리를 올려놓는다. 그리고 귀신을 쫓은 다음 닭의 몸통은 먹어버린다. 매월 酉日에는 흙을 건드리지 못한다. 새해 첫날도 酉日을 기점으로 모든 제의가 행해진다. 무지인의 명절은 설과 8월 15일 추석이 가장 크다. 이 날에는 모든 사람이 모여 조상에게 제사를 지내고 마을의 여신과 토지신에게 제사를 올린다. 설은 무지인이 가장 성대하게 보내는 전통 명절이다.

설날은 음력으로 12월의 마지막 닭날인 酉日을 새해 첫날로 여기며 조상에 대한 제사와 마을 단위의 여신에 대한 제사를 지내고 온 마을 사람들이 모여 새해를 경축하며 보낸다. 또한 정월 첫 번째 酉日에는 동제를 지내고 설 행사를 마무리하면서 일상생활로 돌아간다.

3. 무지인의 제사장, 용두

무지인은 자신들만의 고유 신앙을 지니고 있었다. 모든 제의를 책임지고 있는 사람을 '쇠주빠'라고 부른다. 중국어로는 龍頭라고 하는데, 용두라는 표현은 이웃에 살고 있는 하니족이나 야오족의 동제 중에서 가장 큰 제사가 용제이며, 이를 책임진 무당을 용두라고 부르기 때문에, 비슷한 일을 맡고 있는 '쇠주빠'를 중국어로 번역하면서 용두라고 부르게 되었다. 용두는 민족 내에서 특별한 과정을 거쳐 용두 자격을 인정받은 무당이 맡게 된다. 용두 아래에는 '짜주빠'라 불리는 부용두가 있다. 용두의 집에는 마을의 평안을 지켜 줄 수 있는 신들을 대바구니에 모셔 놓은 신단과 제의에 사용되는 북과 대나무로 된 점통 등을 갖고 있다.

치라의 용두는 장진충(張進忠, 53세)으로 마을의 안녕과 한해의 풍요를 기원하는 洞祭를 책임지며, 사람들의 治病과 망자의 영혼을 초도하는 일을 하고 있다. 평소에는 다른 사람과 똑같이 농사일을 하면서 일상생활을 하고 있으며, 특별히 신을 섬기는 어떤 종교적인 활동도 하지 않는다. 무지인은 자신만의 언어를 사용하고 있으나 문자가 없다. 용두도 종교 활동에 사용하는 경전이 없으며, 모든 제의는 용두를 통하여 전승되고 있다. 정월 초이틀에 무지인의 젊은이들은 용두 집에 모여 민족의 역사와 전설, 제의 등을 전수받는다. 남자들은 술이나 닭을 들고 용두 집에 모여 민족의 전통적인 신앙에 대하여 전수받는다. 용두가 전수하는 내용은 민족의 역사는 물론 제사에 대한 구체적인 방법과 의미를 가르친다. 사람들은 용두에게서 병자를 치료하고 재액을 소멸하는 방법을 배운다. 어떤 병에 어떻게 귀신을 몰아내야 하며, 병의 종류에 따라 닭, 돼지, 소를 제물로 받쳐야 하는지, 어느 병에 어떻게 영혼을 불러들여야 하는지를 배운다. 예를 들면 환자에게 귀신이 들어 생긴 병이라면 삶은 닭 한 마리, 밥 한 그릇, 술 한 잔을 병자의 대문 앞에 차려 놓는다. 그리고 귀신을 몰아 내고 영혼을 불러들이는 주문을 외운다.

무지인이 용두에게 종교에 관한 지식을 전수받는 것은 쉬운 일이 아니다. 이 날은 일년 중 정월 초이틀 하루만 전수할 수 있게 되어 있다. 그러므로 아이부터 시작하여도 20여 살이나 되어야 기본적인 지식을 배울 수가 있다. 그리고 기본적인 지식을 배우고 나면 제사를 지낼 수 있는 자격이 있는지 시험을 본다. 집안 한 쪽에 재, 계란, 고추, 닭다리 등을 쌀에다 묻어 놓고 용두가 부르는 대로 정확하게 물건을 찾아내야 한다. 이런 시험을 통하여 연이어 3번을 맞추면 '이나마'라고 불리는 홍패(紅牌)가 될 수 있는 자격이 주어진다. 홍패가 되면 병든 사람을 위하여 영혼을 불러 올 수 있는 간단한 제사를 행할 수 있는 자격이 주어진다. 홍패 자격을 지니고 점을 칠 수 있으며, 약초를 사용하여 병을 치료할 수 있으면 '부파'로 승급한다. '부파' 자격을 갖춘 뒤에 좀더 법술에 정통하면 '디줘파' 즉 용두 후보자 자격을 갖게 된다. '디줘파'는 용두가 직접 임명한다. 용두가 나이가 많아 더 이상 활동을 할 수 없으면 이 중에서 한 명을 계승인으로 정할 수 있다. 이 과정에서도 모든 홍패들과 용두 후보자가 함께 모여 신통력을 인정받아야만 용두로 인정받을 수 있다. 용두는 무지인의 전통과 평안을 기원할 수 있는 역할을 하고 있으며, 평소에는 보통사람과 똑같이 일상생활을 하고 있으나, 마을의 중요한 제의는 용두를 중심으로 이루어지고 있다.

용두집에는 무지인의 신을 모신 제단과, 제사에 사용되는 법기를 모셔 놓은 곳이 있다. 제단의 중심에는 대바구니가 지팡이 위에 걸려 있다. 대바구니에는 대나무 한마디를 반으로 잘라 안에는 쌀을 담고 그 위에 계란을 하나 올려놓았다. 이것을 '마따마'라고 부르며 무지인의 여신을 상징한다. 쌀은 사람들이 살아가는데 없어서는 안 되는 중요한 양식으로 어머니와 같은 존재이며, 계란이 부화하여 암탉이 나오므로, 계란을 어머니의 어머니 즉 만물이 나온 생명의 근원이라고 여긴다. '마따마'를 중심으로 대나무를 잘라 만든 12개의 잔이 들어 있으며, 화살에 빨간고추를 꽂아 시위에 걸어 놓은 쇠뇌와 점을 치는 죽통이 들어 있다. 죽통에는 대나무를 깎아 만든 죽첨 12개가 들어 있다. 12라는 숫자는 일년 12달을 상징하며 죽첨은 용두가 점을 칠 때 사용하는 점복도구로 '투마아푸'라고 한다. 화살촉에 빨간고추를 끼워놓은 쇠뇌(弩)는 '챠브지'라고 하며 인간에게 해악을 끼치는 귀신을 몰아 내는데 사용된다. 이 대바구니는 지팡이에 매달려 용두의 제단에 모셔져 모든 무지인을 보호하다가 마을의 중요한 동제에만 제단으로 모셔져 나온다. 여신에 대한 제사는 정월 초하루 설과 8월 15일에 두 번 지내며 정초의 제사가 가장 크다.

무지인들은 생활 중의 모든 불행 · 재난 · 성공 · 길상(吉祥) 등은 모두 귀신과 <초자연적인 힘>이 작용한 결과라고 생각했다. 작물의

무지인의 신을 모시고 있는 용두의 대바구니

무지인의 여신 '마따마'

풍년, 바람과 비의 조화로움, 악귀를 쫓고 역병을 면하기 위해 모두 주술 의식을 거행하였다. 의식은 주술을 아는 신비스런 무(巫)가 주최하였다. 그는 초자연적인 힘을 지닌 인간의 사자로 간주되었고 사람과 귀신 사이를 서로 통하게 만들어 주는 교량으로 간주되었다. ≪설문해자(說文解字)≫에서는 「무는 축이다. 여자로서 형체가 없는 것을 섬기며 춤으로 신을 내리게 한다. 격은 심신을 정갈하게 하고 신명을 섬길 수 있는 사람」[6]이라고 했다. 사회적인 변화와 현대화 속에서도 여전히 무지인 마음속에서는 용두에 대한 신뢰와 믿음이 자리잡고 있으며, 이를 동제와 같은 마을제사에서도 확인할 수 있었다. 치라 주변 마을에서도 종교와 깊이 연결되어 있는 전통문화와 현대화의 변화는 무업을 하는 종교사제의 위치 속에서도 그 변화를 살펴볼 수 있었다.

멍라향의 다이족은 전 민족 신앙이라 할 수 있는 남방불교의 영향에도 불구하고 무업에 종사하는 사제들이 있었으며, 이들은 네 종류로 나눌 수 있다. '머', '먼', '티엔', '라우'라는 계층이 있었으나, 무지인의 용두처럼 마을의 평안을 지킬 수 있는 동제와 같은 제사를 지낼 수 있는 계층은 '머'이었다. 그러나 지금은 '머' 계층이 사라지고 용수에 제사를 지내던 용제도 90년대 중반 이후로 사라져 버렸다. 지금은 점을 치고 병자의 병을 고쳐주며, 혼을 불러 오는 '먼'과 '티엔'만이 남아있다. 멍라향은 치라촌에서 24km 정도밖에 떨어지지 않았으나, 넓은 하곡지구에 해발 300m의 풍요로운 자연환경으로 대규모 바나나 농장과 고무나무 재배로 급격히 도시화되었다. 농사를 위주로 살아가던 마을이 빠르게 도시화되고, 생활방식이 변하면서 더 이상 동제를 지낼 필요성을 느끼지 않게 되었다. 그러므로 민간신앙은 쇠퇴하고 이를 대신하여 남방불교가 이 자리를 대치해가고 있었다.

---

6) 「巫, 祝也, 女能事無形, 以舞降神者也. 覡, 能齋肅事神明也」.

老劉村과 인접한 普覺村의 廣西寨는 야오족이 살고 있는 전통적인 마을이다. 정월 초이틀에는 마을의 모든 남자들이 모두 龍樹에 모여 龍祭를 지내고 한해의 평안과 풍년을 기원하고 있다. 이들의 종교사제는 師公으로 동제는 물론 치병과 喪禮, 성년식인 度戒를 주관하고 있으며, 새로운 사공계승인을 선발하는 開掛壇 의식도 그대로 보존되고 있다. 야오족은 도교의 여러 파를 받아들여 자신의 원시신앙과 융합시켜왔으며, 이런 이유로 지역과 지계에 따라서 종교 의식이 서로 차이가 난다. 이들은 출가하여 수행에 전념하는 도사가 있거나 사람들의 소재와 기복을 빌어주는 도관이 있는 것도 아니다. 요족의 종교사제는 일상생활을 하면서 점을 치고 작은 귀신을 몰아 내 주는 무당 계층에서부터 마을의 동제나 가족의 제사를 지낼 수 있는 사공(師公)이나 도공(道公)이 있다. 그러나 무당이든 사공이든 모두 도계를 받은 사람이 맡을 수가 있다. 도계를 받지 않은 사람은 정신(正神)의 보호를 받지 못하여 쉽게 사마(邪魔)의 침해를 받을 수 있어서 사공과 같은 사제 역할을 할 수 없다. 무당을 金平에서는 나만(那曼)이라 부르고 광동에서는 로멘(樓面)이라고 부른다. '만'이나 '멘'은 모두 '귀신'을 의미하며 '나' 혹은 '로'는 '묻는다, 찾는다'는 뜻이다.[7] 나만은 '귀신에게 물어보는 사람', 혹은 '귀신을 찾는 사람'이라는 의미로, 사람과 귀신 사이를 소통하게 만들어 주는 사람, 혹은 귀신의 사자라는 뜻이다. 야오족의 사공은 한자를 빌어 자신들의 경서를 써서 후대에 전승하고 있으며, 야오족의 支系와 지역에 따라 차이가 있으나 기본적으로 자신들의 민족적인 종교적 특징을 그대로 보존하고 있다.

무지인은 이족으로 민족이 분류되었으나, 종교나 풍속에서 이런 민족적인 특징을 찾아보기가 힘들다. 이족의 종교사제로는 '비머(畢摩)'와 '수니(索尼)'가 있다. 이족은 자신의 언어와 문자가 있으며, '비머'

7) ≪中國各民族宗教與神話大詞典≫, 學苑出版社, 1993, 644쪽.

는 대대로 세습되어 내려오면서 전통적인 교육을 받은 종교적인 사제로 치병과 상례, 동제와 같은 종교적 의례를 담당한다. '수니'는 어느 날 갑자기 신이 들어와 신과 인간을 연결시켜주고 길흉을 점치거나 무업으로 귀신을 쫓아내는 역할을 하고 있다. 이런 점에서 '무지인'의 용두와는 확연히 구별되고 있다. 용두는 비머처럼 종교적인 전문 지식을 지니고 있지 못하며, 단지 구전을 통하여 자기 민족의 의례와 역사를 전하고 있다. 또한 수니처럼 귀신을 볼 수 있거나 법력으로 몰아 낼 수 있는 능력을 지니지도 못하고 있다. 그러나 무지인에게 용두의 위치는 전 민족과 마을을 지켜주는 숭고한 위치를 지니고 있으며, 용두를 중심으로 전통문화와 신앙이 전승되고 보존될 수가 있었다. 구전을 통한 전승과 현대화로 인한 생활방식의 변화, 교육의 확대로 인한 종교적인 의식이나 전통에 대한 의식의 변화 등이 이 작은 민족의 민간신앙이 유지되어 갈 수 있는 중요한 요소가 될 것이다.

4. 무지인의 세시풍속

2004년 1월 18일, 이 날은 음력 12월 27일로 병신일(丙申日)이며, 28일은 정유일(丁酉日)이다. 한해의 마지막 유일(酉日)은 무지인의 해가 바뀌는 첫날이 된다. 이 날을 '쿠자마마야빠'라고 하면 이 날은 신구의 한해가 교차되는 날이다. 치라에서는 설에 올린 제물을 준비하기 위해 집집마다 돼지를 잡고 있었다. 새해 첫날에는 집집마다 조상에게 제사를 지낸다. 그리고 마을에서는 용두를 중심으로 토지신과 여신에게 동제를 지내고 마을 사람들이 모여 춤추고 노래하면서 설을 보낸다. 용두집에서는 용두와 부용두 2명이 동제를 책임지며, 조수 2명이 집집마다 동제에 필요한 쌀과 생강, 소금 등을 거두어 마을 제사를 준비하고 있다. 이날 첫닭이 울면 마을 사람들이 공동우물로 물을 길어 오기 위하여 달려간다. 마을에서 처음으로 물을 길어 오면 그 집에는 한해에 길운이 따른다고 한다. 2시 반에 첫닭이 울자 집집마다 불이 켜지면서 우물로 물을 길러 나오는 발소리로 갑자기 마을이 분주해졌다. 물을 길러온 다음에는 집집마다 제물을 준비하여 조상에 대한 제사를 지낸다.

1) 조상에 대한 제사

무지인의 전통적인 가옥에는 집안 한편에 조상을 모신 신감이 마련되어 있다. 그러나 치라는 신남공로가 통과하는 길옆에 자리 잡고 있어 초가집이 슬레이트로 바뀌고 대나무로 엮어 놓은 죽루가 벽돌집으로 개조되면서 신감도 자취를 감추고 아직 집을 개량하지 못한 몇 집에서만 그 흔적을 찾아볼 수 있었다. 이소명(李小明, 48)의 집은 전통적인 죽루로 노모와 이소명 부부, 슬하의 1남 1녀 모두 5식구가 살고 있었다. 이 집안의 신감에는 조그맣게 분묘 형상으로 봉분을 만들고 그 앞에 돌을 세워 놓았다. 용두집을 포함하여 다른 집들은 이렇게 고정된 신감이 마련되어 있지 않으며 제사시에는 집안에 임시로 제단을 마련하였다. 무지인은 몇 개의 씨족으로 이루어졌다. 張, 楊, 李, 羅씨 등이 근간을 이루며, 각 집안 마다 제사를 지내는 방법에 약간씩의 차이를 보이고 있으나 기본적인 형태는 대동소이하다.

양소대(楊小大, 67)의 집에서는 아침 4시에 집안 식구들이 모두 모여 제사 준비를 하고 있었다. 집안을 들어서면 중앙에 기둥이 두개 있다. 문쪽에 있는 기둥은 여성을 상징하는 女柱이고, 문 안쪽의 기둥은 남성을 상징하는 男柱이다. 두개의 기둥 중간을 대들보가 가로지르며, 이는 남성과 여성의 결합으로 한 가정을 이룬다는 것을 의미하고 있다. 제단은 남주 옆에 마련되었다. 남주에는 잎이 달려 있는 대나무를 세워 놓았으며, 이는 조상을 대표한다고 하였다. 이소명의

양소대의 제단

이소명의 신감

집에는 신감이 있으므로 신감을 중심으로 제물이 진설되었으나, 양소대의 집에는 새로 집을 개량하면서 신감을 없애 버렸으므로 기둥 옆에 임시로 제단을 만들고 조상을 상징하는 대나무를 세워 제단을 마련하였다. 제물은 소쿠리 두개에 담겨 기둥 양 옆에 놓았다. 제사상 하나에는 중앙에 계란 1개가 놓이고 그 주위에 생강 2쪽, 바나나, 생선, 춤 출 때 쓰는 닭털달린 가발을 놓았다, 소쿠리를 따라 쌀을 빻아 둥글넓적하게 만든 흰 떡 '빠빠' 12개를 둥글게 놓았다. 또 다른 소쿠리에는 중앙에 쌀밥을 수북하게 담고 그 위에 삶은 닭 한 마리를 올려놓았으며, 주위에 12쌍의 젓가락과 주걱을 올려놓았다. 제사상 앞에는 죽통에다 술과 물을 올린다.

제단이 마련되자 이 집안의 남자들이 모두 모여 제사를 지낸다. 제사의식은 비교적 간단하다. 제사에 여자는 참석할 수 없으며 집안의 남자는 어린애까지 모두 참석하여 제단에 6번 절을 올리는 것으로 끝났다. 제사를 지내고 난 뒤, 장자가 닭을 잘게 다져서 밥과 탕에 제물들을 골고루 담는다. 집안 식구들은 모두 모여 조상이 음복한 제물을 골고루 나누어 먹는다. 자기 집안 외에 외부인은 제사 음식을 먹을 수 없다. 이 원칙은 시집 간 딸에게도 적용되어, 이미 출가외인이 된 딸은 한 집안 식구로 여기지 않으며 조상이 내려준 복을 함께 나눌 수 없다. 이 마을에는 씨족별로 제의와 제물 진설 등이 약간씩의 차이가 있으며, 모두 집안에 따른 차이를 인정하고 있다. 양씨네는 4시에 제사를 지냈고, 절을 6번 했으며, 용두 집은 4시 50분에 제사를 지내며 절을 4번 하였다. 용두인 장진충네 집안에는 12개의 흰떡 빠빠와 암탉과 수탉을 소쿠리에 담아 제물로 올렸으며, 밥과 고기를 함께 담은 밥그릇 4개와 술잔 4개를 놓고 제사를 지냈다. 4라는 숫자는 춘하추동 4계절을 의미한다. 제단 옆에는 조상이 사용했던 화승총과 화약통을 걸어 놓고 조상을 추모하였다. 제사를 마치고 용두는 제물로 바친 술을 손으로 찍어 이마에 발라주는데, 이는 조상이 집안사람을 보호하여 복을 내려준다는 의미이다. 동성의 씨족 간에는 제사에 참여하여 절을 할 수 있다. 제사를 지낸 후에는 바로 밖으로 나가 폭죽을 터뜨리면서 금년이 무사히 지나고 새로운 한해의 시작을 축하한다.

2) 마을 공동신앙-동제

새해에 조상에 대한 제사가 끝나면 용두 집에서는 동제를 준비한다. 이 마을에는 뒷산에 토지산신묘와 여신묘가 있다. 이 두 곳은 마을에서 가장 신성한 곳으로 여자들은 여신묘 앞을 지나가지도 못하도록 금기시되어 있다. 아침 8시 경에 용두 장진충은 이용두인 도치문(陶治文, 59)과 삼용두 마소림(馬小林, 45)을 데리고 토지묘로 가서 제사를 지냈다. 토지묘는 집 뒷산에 작게 지붕을 올린 제단이 마련되어 있으며, 마을의 모든 축생, 양식, 산림, 물 등 사람 외의 모든 것들을 관장한다. 제물로는 돼지고기, 흰떡, 술과 차, 소금과 생강을 올린다. 제단에는 황지 3잔을 부치고 술과 차도 3잔씩 올리며 향도 3개를 꼽는다. 무지인들에게 3이라는 숫자는 모든 것이 가득 찼다는 것을 의미한다. 소금과 생강을 바치는 이유는 사람에게 없어서는 안 되는 물건이므로 신들도 사용하도록 바친다. 제물을 모두 진설하고 황지 3장을 제단에 붙이고 나서 향을 피운 뒤에 절을 한다. 용두는 제단 앞

토지산신묘 제사

산신묘에서 본 치라 마을

에서 경을 외면서 쌀을 3번 뿌린다. 경을 외는 소리는 옆에 있는 사람도 알아들을 수 없을 정도이다. 단지 중간 중간에 음, 음 소리를 내고 있어서 경을 왼다는 사실을 알아차릴 수 있을 정도이다. 경의 한 해 동안에 모든 축생의 번창과 풍년을 비는 내용이라고 하였다. 술과 차를 산신묘 양 옆에 부은 다음에 돼지고기 수육을 썰어 소금, 생강과 함께 올린다. 제사를 마친 다음에 술을 찍어 이마에 바르고 제물을 나눠 먹는다.

(1) 여신묘 제사

토지산신묘의 제사를 마치면 용두 집안에다 여신묘에 제사지낼 제단을 마련한다. 여신에 대한 제사는 용두 집안에 마련된 제단과 여신묘에서 동시에 지낸다. 여신묘는 무지어로 '무디마아가디'라고 하는데, '무디마'는 이 마을 최대의 신인 여신을 의미하고, '아가디'는 사당이라는 뜻이다. 여신묘에는 30cm 정도 되는 돌이 작은 사당안에 모셔져 있다. 이 돌은 8대 선조가 베트남에서 이주해 올 때부터 가지고 와 모셔 놓은 것이라고 한다. 이 돌의 성격은 인간의 생육을 관장하고 무지인을 보호해 주는 신이며, 무지인은 '무디마'를 인류의 어머니이며 암탉이라고 한다. 암탉족은 정월 초하루(酉日)와 8월 15일에

'무디마아가디'에게 제사를 지내며, 음력 2월 1일에는 토지신에게 제사를 지냈다. 3월 3일은 축생에게 제사를 지냈다. 7월 중순에는 곡식혼에게 제사를 지냈으나, 지금은 8월 15일에 한꺼번에 지낸다.

제사 준비 과정

용두 집안 한쪽에 제단을 마련한다. 대나무 한마디를 잘라낸 죽통 위에 잎이 달린 대나무와 잎이 없는 대나무 두개를 세운다. 잎이 달리지 않은 대나무에는 작은 생선을 매달아 놓는다. 죽통은 막 부화된 병아리이며, 잎이 달린 대나무는 암탉을 상징한다. 대나무 잎은 병아리의 털을 상징하며 끝없이 발전하고 창성하는 '무지인'을 의미한다. 대나무 잎이 자연히 말라 떨어지면 이를 함부로 버리지 않고 반드시 서쪽에 있는 삼거리에 버린다. 대에 매단 생선은 물과 고기가 떨어질 수 없듯이 계속 발전해 나간다는 의미이다. 둥근 쌀떡 위에는 푸른 잎이 달린 붉은 꽃을 꼽아 올려놓는다. 홍화녹엽(紅花綠葉)은 건강하게 자라는 무지인의 젊은 남녀를 상징한다. 꽃은 잎과 뿌리가 있어야 하며, 뿌리는 조상을 의미하고 잎은 후대의 번성을 기약한다. 제물로는 닭을 사용한다. 닭은 중병아리와 암탉과 수탉을 쓴다. 생강이 담긴 술로 닭을 씻긴 다음 목을 따 피를 잔에 받는다. 닭은 털을 벗기고 깨끗하게 처리하여 삶은 다음에 제단에 올린다. 용두의 제단에 모셔진 대바구니를 들고 나와 여신을 상징하는 '마따마'의 계란을 새 달걀로 바꾼다. '마따마' 주위에는 쌀을 담은 12개의 죽통을 놓는다. 계란은 어머니를 상징하고 주의의 죽통은 그 자식으로 무지인의 선조와 후손을 의미한다. 달걀 12개를 삶아 반씩 잘라 제단에 올리고 생선과 쌀떡을 올린 다음에 제사를 지낸다. 이 제사는 용두와 부용두 2명, 치라촌의 조장과 부조장, 조수가 주관한다. 용두는 올가미로 생선을 묶어놓은 대나무를 검지로 잡고 경을 외면서 제사를 지낸다. 부용두는 채반에 술과 계란 등의 제물을 받쳐 들고 여신묘로 올라가 제사를 지낸다.

여신묘 제사

용두집안의 여신 제단

제사가 끝나면 제사에 참여한 6명의 마을 원로들이 제물을 나눠 먹으면서 한 해의 길흉을 점친다. 점은 제물로 올린 닭머리와 닭발을 보면서 판단한다. 닭머리는 한쪽 눈을 감고 한쪽 눈을 뜨고 있으면 흉조로 사람이 사망한다는 것을 예시한다. 또 눈이 안으로 들어가면 흉하다. 이는 사람이 죽을 징조이다. 양쪽 눈을 감거나 양쪽 눈을 뜨면 길하다. 닭발은 중지가 위로 올라오면 길하다. 중지는 이 마을 어른인 용두를 상징하므로 다른 발가락이 중지 위로 올라오면 하극상이 되어 흉조라고 판단한다. 발가락이 함께 합해져도 흉하다. 중지가 안으로 들어가면 관을 묻는 형상이므로 마을에 일이 생기고 조상이 보호해 주지 않는다는 것을 의미한다. 중지가 너무 올라가도 좋지 않다. 중지가 밑으로 내려가면 남과 여의 관계가 불균형을 이룬다는 것을 의미한다.

조상을 기리는 춤

제사가 끝나면 마을 사람들이 모여 제물을 나눠 먹는다. 그리고 용두의 법기인 북과 징을 모셔 놓고 그 앞에 생선과 일년을 상징하는 12개의 실타래를 모셔 놓은 다음 간단하게 제사를 올리고 조상을 추모하는 춤을 추면서 선조의 공덕을 기린다. 이 춤은 무지어로 '신지마니파'라고 부른다. 용두와 악사는 악기를 불면서 춤을 춘다. 부용두는 여장을 하고 오른손에 대나무 지팡이를 집고 왼손에는 부채로 얼굴을 가리면서 춤춘다. 이 춤은 단조로운 박자에다 단순한 동작의 반복으로 이루어진다. 왼쪽으로 7바퀴를 돌고 오른쪽으로 7바퀴를 돈다. 왼쪽으로 도는 것은 묵은해를 보낸다는 의미이며, 오른쪽으로 도는 것은 새해를 맞이한다는 의미이다. 2용두는 남자가 여장을 하고, 3용두는 악기를 불며 함께 춤을 춘다. 춤이 끝나면 용두가 큰 북을 2번 울린 다음에 사람들 이마에 술을 발라 주면서 축복을 준다. 이 술은 조상이 내려준 복과 행운을 상징한다. 제사가 끝나면 북과 징을 용두 집 밖에 내다 걸고 사람들마다 북을 두드리며 즐기도록 한다.

이 춤은 저녁에 어둠이 깔리면 다시 한번 춘다. 이때는 먼저 남분 여장을 한 용두와 부용두의 춤이 끝나고 나면 마을 사람들이 모두모여 돌아가면서 춤을 춘다. 이 춤은 조상을 모셔와 함께 즐겁게 노시도록 하는 오신(娛神)이 목적이다. 그러므로 춤을 추기 전에 용두는 제단에 젓가락 4쌍과 4개의 술잔, 간단한 제물을 올리고 경을 외어 조상을 모셔온 뒤에 춤을 추기 시작한다. 무지인의 민족무용은 아주 독특한 군무다. 이때는 모두 전통복장을 하고 춤을 춘다. 남자는 소매가 긴 검은 색 윗저고리에다 검은 바지를 입고, 머리는 무늬가 있는 흰 수건으로 감는다. 여자는 흑색 천에다 붉은색으로 마름모꼴을 수놓은 윗옷과 치마를 입는다. 머리에는 흰 실타래에 양쪽 끝에다 닭털을 묶은 변발을 두른다. 이 실타래는 허리춤까지 내려와 춤을 추면서 양쪽으로 흔들리면 마치 암탉이 꽁지를 흔들며 가는 모습과 흡사하다. 허리춤에는 가는 대나무 마디에 엽전을 꿰어 놓은 꾸러미를 차고, 오른손에는 끝이 갈라진 얇은 대나무를 들고 있다. 이 춤은 둥글게 원을 그리면서 춤을 춘다. 남자는 악기를 불고 여자는 이 뒤를 따라 춤을 춘다. 이 춤의 기본 동작은 앞으로 한걸음 나갔다가 뒤로 한걸음 물러서면서 2보마다 한번씩 발을 바꾸고 머리를 한번씩 쓸어 돌린다. 춤을 추면 대나무 끝의 갈라진 틈 사이에서 '차차차'소리가 나고,

남자가 여장을 하고 추는 춤

무지여인들의 전통춤

허리춤의 엽전 꾸러미에서는 '딩딩딩' 소리가 울려 춤의 묘미를 더해 준다. 머리에서 내려뜨린 닭털은 엉덩이 부분에서 묘하게 어울리면서 여신을 상징하는 닭의 자태를 드러내 준다.

(2) 洞祭

동제는 무지인의 마을신에게 올리는 제사로 온 마을 사람들이 참가한다. 이 제사는 용두 집에서 용두가 제사를 주관한다. 동제는 무지어로 '가마베파'라고 한다. 이 제사는 마을의 안녕을 위하여 마을을 정화하고 역귀를 몰아 내어 마을을 역병과 재난에서 지키는 일이다. 그리고 마을 문에 대한 제사를 지내고 새해동안 마을에 대려와 머물던 신들을 보내드리며 한해의 풍성한 수확을 기원한다. 이 날은 새해를 맞이하는 첫 酉日을 보내고 12일째 새해에서 처음 돌아오는 酉日에 지낸다.

① 구나(驅儺)

'구나'는 고대부터 아주 성행했던 일종의 세시 무술의식으로 그 목적은 역귀를 쫓아내고 복을 기원하며 재앙을 물리치기 위해서이다. '나(儺)'의 본의에 관해 ≪설문≫에서는 「행동에 절도가 있다. 인(人)

변을 따르고, 난(難)에서 소리를 취하였다」[8]라고 해석하고 있으며, 단옥재의 주에서는 「행동에 절도가 있다는 것이 이 글자의 본의이다. 역병을 쫓아낸다는 글자는 본래 난(難)으로 쓰고 있으며 가차되어 '나'가 되면서 역병을 쫓아낸다는 글자가 되고, '나(儺)'의 본의가 없어지게 되었다」[9]고 하였다. 그것은 대략 원시사회 말기에 기원하여 상주에 이르면 점차 고정된 제도로 형성되었다. ≪사물기원≫에는 「주관(周官)은 한 해를 마치면 방상씨에게 명하여 여러 관리를 거느리고 집안을 뒤져 역귀를 몰아 내게 하였으니 이것이 '구나'의 시작이다」[10]라고 하였다. 주대에서는 '구나'를 '예'의 범위로 넣어 매년마다 모두 정기적으로 성대한 '나제'를 거행하였다. 그 시간은 기후가 바뀌고 음기와 양기가 교체되는 시기였다. 평소에도 사람들은 불상스러운 화나 상사(喪事)를 당하게 되면 또 수시로 '나'를 거행하였다. 이런 '나제'는 '나희'로 발전하였다가 이미 그 원형이 사라져 그 자취를 찾아보기 힘들게 되었다. '무지인'은 한해를 맞이하면서 마을의 모든 불상스러운 재앙을 몰아 내고 길상을 받아들이는 '나제'를 지내고 있었다.

마을에서 재앙과 병을 가져오는 역귀를 몰아 내는 일이 마을제사 전에 가장 중요한 활동이다. 아침에 마을의 젊은이들은 대나무와 닥나무를 베다가 용두 집에 모여 귀신을 몰아 낼 때 사용한 법기를 만든다. 닥나무로는 12개의 큰 나무칼과 12개의 작은 나무칼, 12개의 나무대포를 만든다. 대나무로로는 쇠뇌(弩)와 작은 대바구니 두개를 짠다. 귀신을 몰아 내는 간귀도(赶鬼刀) '아니바미주바'와 나무 대포는 숯으로 검은 줄을 그어 얼룩무늬를 만든다. 법기가 만들어 진 후에 먼저 용두의 집안 제단에서 제사를 지낸다. 용두는 경을 외고 제사를

8) ≪說文≫: 「行有節也. 從人, 難省聲」.

9) 段玉裁 ≪說文解字注≫: 「行有節度. 按此字之本義也. 其驅疫字本作難, 自假儺爲驅疫字, 而儺之本義廢矣」.

10) ≪事物紀原≫: 周官歲終命方相氏率百隸索室驅疫以逐之, 則驅儺之始也.

마친 뒤에 사람들을 파견한다. 한 사람은 마을문으로 대바구니에 제물을 지고 가고, 또 다른 사람은 어깨에다 밑에 파초 잎을 깐 작은 대광주리 두개를 메고 집집마다 돌아다니면서 쌀겨와 재를 구해 온다. 부용두는 12명의 아이들로 이루어진 귀신몰이 대오를 이끌고 집집마다 돌아다니면서 역신을 몰아 낸다. 역귀를 몰아 내면서 아이들은 각기 큰 나무칼과 나무포를 들고 부용두의 지시에 따라 역귀를 몰아 낸다. 집집마다 들어서면 큰 소리를 지르면서 재빨리 집 구석구석을 수색하면서 나무칼과 목포를 휘둘러 귀신을 몰아 내고 즉시 다음 집으로 옮겨 간다. 이렇게 온 마을의 집을 모두 돌아다니면서 귀신을 찾아내어 역귀를 마을 밖으로 몰아 낸다. 그리고 역귀를 몰아 내면서 사용했던 법기를 동구 밖 마을 문에 놓아두고 제사 지낼 준비를 한다.

② 마을문(寨門) 제사

동구에서 마을 문에 대한 제사는 '무지인'이 가장 중요하게 여기는 마을 제사이다. 마을문은 마을로 들어오는 거리에 세워지며, 해마다 정초에 마을 제사를 지내면서 새로 문을 만들어 세운다. 마을문은 길이 2.5m 정도의 통나무 3개를 베어다 기둥 2개를 세우고 그 위에 나무 하나를 올려 문을 만든다. 마을 문에 대한 제사에는 소, 돼지, 개 한 마리씩과 닭 5마리를 사용한다. 마을 문을 세운 뒤에 문설주에는 가로로 띠풀 한 묶음과 쇠뇌, 12개의 작은 나무칼, 개꼬리, 개다리 하나, 닭발과 닭 날개 하나를 걸어 놓는다. 마을 문의 좌우 양쪽 기둥 앞에는 2장의 파초잎을 깔고 한쪽에는 잘 삶은 암 수 두 마리의 닭을 놓고, 다른 쪽에는 삶은 수탉과 죽인 개 1마리를 놓는다.

마을 문 안에는 가는 대나무로 곡식창고를 만들어 놓고 곡신에게 제사 지낸다. 곡식창고는 상하 2층으로 만들었다. 상층부 왼쪽에는 삶은 수탉과 계란 1개, 12개의 띠풀, 쌀밥, 볶은 돼지고기, 소금, 생강 등을 놓는다. 오른쪽에는 삶은 암탉과 왼쪽과 같은 제물을 대칭으로

놓으며 제물을 대광주리 담아 놓는다. 하층의 왼쪽에는 술 한 병과 겨와 재를 담은 죽통을 놓으며, 오른쪽에는 생 돼지고기를 놓는다. 마을 문 양쪽에는 구덩이를 파고 솥 두개를 건다. 한 솥에는 쌀과 개고기를 넣어 죽을 쑤고, 다른 솥에는 돼지고기와 쌀을 넣고 죽을 끓인다. 모든 제물이 갖춰진 다음에 용두는 문 앞에서 옆 사람이 알아들을 수 없을 정도의 작은 소리로 주문을 왼 다음에, 큰 돌을 몇 조각으로 쪼갠다. 이 돌은 "햇쌀"을 의미하며 올해 거둬들이는 양식이 돌처럼 무겁게 풍년이 들기를 기원한다. 그런 뒤에 이 돌을 곡식창고에 놓는다. 그러면 4명의 여인이 등에 대바구니를 짊어지고 지팡이를 짚고서 마을 안에서 걸어 나와 곡식을 거두러 온다. 여인들이 창고 앞에 서서 용두의 축원을 조용히 듣는다. 축원이 끝나면 여인들은 창고 안의 제물을 먹는다. 음복을 하면서는 머리를 돌려서도 않되고 말을 해서도 않된다. 음복이 끝나면 용두는 '쌀'을 상징하는 돌 조각과 제물을 대바구니에 나누어 담아 준다. 쌀을 지고 마을로 돌아가면서 여인들은 추수를 거둔 곡식이 너무 많아 힘에 겨운 동작을 하면서 지팡이를 짚고 힘들게 돌아가는 모습을 연출한다. 제물로 바친 소고기, 돼지고기, 개고기는 마을로 가지고 들어가 먹을 수 없다. 개고기와 집집마다 조금씩 모아온 '백가미(百家米)'를 함께 넣어 고기와 함께 죽을 끓인다. 모든 제물이 다 삶아지면 마을 사람들이 모두 모여 동구 밖에서 음식을 나누어 먹는다.

동제가 끝나면 마을 사람들이 모두 한자리에 모여 먹는 밥을 무지어로는 '까마베파'라고 부른다. 이 말의 의미는 귀신에게 올린 밥이라는 뜻이다. 모든 사랑이 한 자리에 모여 동제에 올린 밥을 먹어야 별 탈 없이 한 해를 보내고 새로운 한 해를 맞이할 수 있다. 이때가 되면 마을 사람들은 남녀노소 모두 걸상과 밥그릇 젓가락을 들고 채문 밖 공터로 모여든다. 이 때 남녀는 서로 한자리에 앉지 못하고, 남녀의 자리를 가른다. 개고기를 넣어 끓인 죽은 여자들이나 외인은 먹을 수가 없다.

(3) 민족 오락과 축제

무지인의 설은 첫 유일에 지내는 조상의 차례와 여신에 대한 제사를 지내고 12일이 지나 처음으로 돌아오는 유일에 마을문에 대한 제사를 지내면 마을의 공동신앙인 동제가 막을 내린다. 이후 3일간 휴식을 취하고 나서는 농사 준비에 들어간다. 설 기간에는 새해를 맞이하는 여러가지 오락과 축제가 벌어진다. 무지인이 살고 있는 주변에는 하니족과 묘족, 요족이 살고 있다. 이들 민족은 새해를 맞이하여 서로 다른 제의와 축제를 벌이고 있다. 치라 옆 마을의 태양채는 먀오족이 거주하는 마을이며, 태양채에서는 민족의 가장 큰 축제인 채화산(彩花山)이 3일 동안 벌어졌으며, 이런 민족간의 큰 행사에는 다른 민족들도 참가하여 민족의 전통춤과 노래로 서로 축하해 주고 있다.

무지인의 축제에는 주로 남녀가 서로 나뉘어 노래하는 대창(對唱)과 민족무용이 주를 이룬다. 대창은 새해를 경축하는 중요한 오락 중 하나이다. 제사가 끝나면 전통복장을 입은 마을 사람들이 뒷산으로 올라가 서로 노래를 부르며 즐긴다. 대창에는 남녀가 편을 나눠 집단으로 부르는 대창과 1남 1녀가 서로 주고받으며 부르는 노래가 있다. 합창으로 부르는 대창은 남녀가 편을 가르고 그 중에서 노래를 잘 부르는 대표로 노래를 하면 나머지는 합창으로 후렴을 부르고, 그 뒤를 이어 여자편에서 노래를 받아 부른다. 가사 내용은 민족의 역사나 조상의 공덕을 가송하기도 하고 새로운 사회의 변화, 모든 사람들의 축복과 안녕을 노래한다. 노래는 대부분이 즉흥적으로 만들어서 부른다. 나금재(羅金才, 50)가 부른 노래의 내용은 다음과 같다. 「우리는 빈곤한 산골 마을에 살고 있으며, 조상 대대로 빈곤한 나날을 보냈다네. 공산당의 영도 아래 행복한 생활을 할 수 있었지. 동서남부 사방팔방에서 몰려들어 각기 성씨는 다르다 해도, 우리는 모두 무지인이라네」 이런 노래가 서로 돌아가면서 반복하여 불려지고 있다. 1남 1녀가 부르는 대창은 대부분 청춘남녀가 사랑을 노래하는 것이 대부분이다. 그러므로 이런 대창은 마을을 벗어나 노래하도록 되어 있다. 이소명(李昭明, 48)은 노래속에서 자신의 성장 과정과 서로 사랑하여 결혼하게 된 이야기를 노래했다. 「사랑은 빈부의 차이가 없으니, 서로 사랑한다면 아무리 가난해도 행복하리. 감정이 없으면 아무리 돈이 많아도 고통스럽기 마련이라네」 이 노래를 이어 받은 조사영(趙四英, 52)은 「달빛이 교교한 밤, 사랑하는 사람과 서로 노래를 했지. 동이 터오며 아쉬워 이별하니, 달이 둥글면 다시 만나기를 기약하네」라고 화답하였다.

민족 놀이로는 얇은 나무판자를 엽전처럼 만들어 구멍을 뚫고 파초잎으로 제기를 만들어 놀기도 한다. 이 제기는 발로 차는 것이 아니라, 배드민턴처럼 서로 손바닥으로 쳐서 주고받는 놀이를 하면서 즐긴다.

마을 공동신앙인 마을문에 대한 제사가 끝나면 줄다리기를 한다. 이 줄다리기를 '쟈궈하'라고 부른다 '쟈궈'는 등나무라는 뜻이고, '하'는 잡아당긴다는 말이다. '쟈궈하'는 양편으로 나눠 서로 자기편으로 끌어당겨 승부를 가르는 줄다리기와는 완전히 다르다. 먼저 야생 등

설을 보내며

민족무용, 군무

나무를 잘라 직경 1m 정도 되는 둥근 원을 만들며, 밖으로 손잡이를 만든다. 원에는 3개의 등나무줄기를 묶는다. 시합은 원을 잡은 편과 3개의 등나무를 잡은 편으로 나누어진다. 원을 잡은 편은 손잡이를 잡은 유격수를 하나 둔다. 양 편은 서로 다른 쪽으로 끌려가지 않도록 잡아당기며, 유격수는 막대기를 들고 다른 편을 때린다. 상대편이 막대에 맡으면 그 편이 진 것으로 간주한다. 이 줄다리기는 줄이 끊어질 때까지 서로 편을 바꿔가면서 겨룬다. 이 경기는 해로운 귀신을 몰아 내고 곡물의 성장을 도와줘 풍년을 가져온다고 한다.

5. 영혼관념과 장례

치라 무지인의 영혼관은 장례에 잘 나타나 있다. 장례 시에 용두는 참여하지 않고, 부용두가 모든 장례를 주관한다. 매번 밥을 먹을 때마다 망자의 얼굴을 씻겨주면서 망자를 추모하는 노래를 부른다. 하니족은 장례에 춰춰무를 추면서 길을 열어 망자를 조상으로 인도하는데 반하여 무지인은 장례에 이런 춤이 등장하지 않는다. 이들은 사람의 영혼은 남녀에 따라 그 수가 다르다고 한다. 남자는 영혼이 7개이고 여자는 9개이다. 그러므로 관에다 돼지피로 남자는 7줄의 붉은 선을 그리고, 여자는 9줄을 그린다. 무덤에도 남자는 9개, 여자는 7개의 풀을 꼽는다. 여자는 세상에 살면서 집안일과 밭일을 모두 해야 하므로 남자보다 고단하게 살아야 했으므로 영혼이 7개이고, 남자는 고생을 덜하여 영혼이 9개라고 한다. 그러므로 여자는 조상이 살고 있는 음간으로 가면서 남자보다 훨씬 수월하게 갈 수 있다고 한다. 이런 영혼 관념은 이족의 영혼관과 기본적으로 일치하고 있다.

장지를 정할 때는 정해진 장소가 없으며 가족이 적당한 장소를 선정하고 계란을 뒤로 던져, 계란이 깨지면 그 자리를 묘지로 정한다,

계란이 깨지지 않으면 다시 장소를 옮겨 다시 계란을 던져 점을 친다. 이런 방법으로 묘지를 선정하는 것은 멍라향의 다이족과 동일성을 보여주고 있다. 사천의 이족이 대부분 화장을 하는 것과는 달리 무지인의 매장이나 묘지 선정은 金平의 토착민인 다이족과의 연관성을 보여주고 있다. 육신은 죽어도 영혼은 죽지 않고 다른 세상에서 조상과 함께 살게 된다는 영혼불멸 때문에 죽은 사람도 음간에서 현재의 삶처럼 생계를 유지한다고 믿는다. 그러므로 매장에는 망자가 사용하던 젓가락, 술병, 술잔, 연통 등을 함께 묻는다. 용두는 다른 세상에 가서도 여전히 용두 역할을 해야 하므로 평소에 사용했던 북과 점복도구를 함께 매장하고 나머지 법기는 다음 용두에게 물려준다.

광에 관을 내려놓으면 관 뚜껑을 열고 시신의 얼굴이 하늘을 향하도록 한 다음 입에다 은자를 물리고, 혹시 관안에 쇠붙이가 들어가 있는지 검사한다. 이 때 사자의 얼굴이 서쪽을 향하면 안 된다. 그 다음에 관을 다시 닫고 흙을 덮어 봉분을 한다. 무덤주위에 돌을 두르고, 위에는 흙을 쌓아 봉분을 한다. 80년 이후에는 무덤 앞에 묘비를 세우기 시작하였다.

사람들은 귀신을 두려워하여, 매장이 끝난 뒤에는 뒤를 돌아보지 않고 힘껏 도망쳐 마을로 돌아온다. 마을 입구에 도착하면 칼날이 위를 보도록 세워놓고, 모든 사람들이 칼날 위로 건너뛰어 넘으면서 상례에 쓰였던 물건을 뒤로 내던지고 뒤돌아보지도 않는다. 집문 앞에 이르면 늙은 부인이나 아이들은 물로 씻고 물을 뿌리면서 부정한 것을 모두 씻어냈다고 한다.

사자의 영혼은 매장 후 13일 동안 그 집에 머물며 13일 뒤에는 용두가 혼을 보낸다. 이 때 용두는 돼지와 닭을 잡아 제물로 바치고 길가에서 경을 읽으며, 인간계와 음계를 끊어주고 망자가 가야 할 길을 알려주는 指路經으로 영혼의 길을 밝혀준다. 이 의식으로 이미 현세의 사람들과는 모든 관계가 끊어졌다는 것을 알려주면서 망자가 편하게 조상이 모여 살고 있는 곳으로 돌아가도록 해 준다. 이 제사는 태양이 지기 전에 모든 의식을 완성한다.

6. 결어

'무지인'은 베트남에서 이주해 온 민족이다. 이들과 이족과의 민족적인 연관성에 관해서는 쉽게 결론을 내릴 수 없는 부분이다. 중국의 민족식별에 의해 '무지인'은 이족으로 분류되었으며, 이에 대해 누구도 이의를 제기하지도 않는다. 그러나 민족이란 자신들이 누구라는 확연한 문화적인 동질성과 유대의식에서 비롯된다. 이런 심리적인 요인은 역사적인 전통 속에서 누적되어 전승되어 온 것이며 하루아침에 변할 수 없는 문제들이다. 그 중에서 서로 신앙을 함께 공유한다는 것은 사회와 문화의 동질성을 확인해 주고 누구나 인지할 수 있는 사상적 심리적인 기초를 마련해 주고 있으므로 민족을 구별할 수 있는 요소 중의 하나라고 말한다. '무지인'은 비록 작은 한 마을 범위 안에서 생활하고 있는 사람들이나, 다른 민족과 구별되는 자신만의 원시신앙을 갖고 있으며, 이런 종교적인 전통은 주변의 타민족이나 현대화의 영향에도 불구하고 여전히 전승되고 있었으며, 이 속에서 자신들의 정체성을 확인하고 있었다.

무지인의 전통적인 제례의식과 종교에서는 암탉, 계란, 여신숭배가 두드러지게 나타난다. '무지인'을 '암탉족'이라 부르는 것은 우연히 무지어의 발음을 중국어로 표기한데서 비롯되었다고 해도, 그 연관성에 대해서는 깊이 생각해야 할 부분이다. 많은 원시적인 부족들에게는 토템숭배 현상이 나타나고 있다. 토템숭배는 자연숭배·동식물숭배와 조상숭배가 서로 결합된 문화현상이다. 토템은 북미 인디언인 알곤치엔(Algonquian) 부족 오지바인의 방언으로 '나의 친족'을 의미한다.

원시사회에서는 매 씨족마다 모두 특정한 동식물이나 무생물을 숭배하였는데, 그들은 숭배 대상인 동식물이나 무생물이 자신의 씨족과 '친족'적 혈연관계를 갖고 있다고 생각했다. 때문에 그것들을 자기 민족의 상징이나 조상, 수호신 또한 토템으로 삼았다. 토템은 흔히 같은 씨족의 계통에 속하는 하나의 기준으로 통용되었다. 특정 동식물이 어떤 집단의 조상이라고 여기는 이론이다. 그러나 동식물을 자신들의 조상으로 생각하지 않는 씨족 집단도 많으며 이론을 일반화시키기에 무리가 있고, 종교의 발전 과정을 설명하는데 적합지 않다는 반론도 많이 있다. 중국에서는 소수민족의 종교를 연구하면서 많은 학자들이 토템과 연관시키고 있다. 예를 들면 이족(彝族)·바이족(白族)·누족(努族)·리수족(傈僳族)·투자족(土家族) 등은 모두 호랑이를 토템으로 하고, 카작족(哈薩克)·위그루족(維吾爾)은 늑대를 토템으로 하며, 서족(畲族)·야오족(瑤族)은 개를 토템으로 하며, 오로촌족(鄂倫春)·에벤키족(鄂溫克族)은 곰을 토템으로 하며, 창족(羌族, Qiang)은 흰 돌(白石)을 토템으로 한다고 주장한다.

무지인은 암탉을 어머니, 계란을 어머니의 어머니라고 하며, 제단에서 빠질 수 없는 중요한 대상물로 올리고 있다. 특히 용두의 제단에 언제나 모셔져 있는 죽통위에 쌀을 담고 올려둔 계란 '마따마'는 씨족의 평안과 풍요를 관장하는 중요한 역할을 하고 있다. 또한 여신묘 제사를 마친 후에 남자가 여장을 하고 추는 춤과 마을 부녀들이 추는 전통적인 제례의식에서 추는 춤에서 실타래를 머리 위에 묶고 그 끝에 달린 닭털을 흔들면서 추는 춤의 형태는 암탉을 연상하게 해 주고 있다. 탈이나 도구를 이용하여 분장을 하고 춤을 추는 토템무는 특정한 토템과 자신을 연결시켜주는 주술의 일종으로 활용되고 있다. 무지인의 민간신앙에서는 암탉과 계란, 여신이 서로 어떤 연관성을 지니고 있다는 사실을 알 수 있으며, 이는 여신이 갖는 다산과 풍요를 상징하고 있다. 여신숭배와 생식숭배가 계란에서 암탉이 나오며 암탉은 다시 계란을 낳는다는 생식의 순환을 의미하기도 한다.

치라의 무지인은 한 마을에 모여 살면서 자신들의 전통문화를 잘 보존해 오고 있었다. 주변 민족과의 잡거와 현대화의 영향 속에서도 자신들의 민족적인 동질성을 지키면서 문화를 보존해 나갈 수 있었던 이유는 용두를 중심으로 이루어지는 동제와 같은 전통적인 신앙이 그 바탕을 이루고 있다.

참고 문헌

≪霧海擁抱的山魂≫, 王清華, 云南民族出版社, 2000.

≪金平縣苗族瑤族傣族自治縣2000年人口普查資料≫, 金平縣苗族瑤.族傣族自治縣第五次人口普查領導小組辦公室.

≪金平苗族瑤族傣族自治縣志≫, 云南省金平苗族瑤族傣族自治縣志.編纂委員會, 三聯書店, 1994.

≪農村經濟統計綜合年報表≫(1995, 2000, 2003년), 老劉辦事處.

≪設文解字≫.

≪中國各民族宗教與神話大詞典≫, 學苑出版社, 1993.

16세기의 성상파괴론:
안드레아 칼쉬타트의 이론

신준형 | 명지대학교 미술사학과 교수

서론

루터에 의해 제기된 가톨릭 교회의 전통에 대한 비판 중 성인 saint 숭앙과 성상icon 사용에 대한 문제제기는 성상파괴운동iconoclasm으로 이어진다. 이 운동은 주로 독어권과 네덜란드에서 극렬하게 전개되는데 루터 자신은 성상파괴를 폭력적 불법행위로 간주하여 반대했다. 결국 성상파괴운동의 이론적 정당화와 선동은 다른 설교자들에 의해 주도되었는데 이 글에서는 그 중 안드레아 칼쉬타트 Andrea Bodenstein von Karlstadt(1477~1541)의 이론을 주로 논하고자 한다. 칼쉬타트는 경배용 이미지인 성상icon뿐 아니라 이야기서술 이미지narrative까지도 배격했다는 점에서 다른 개신교 성상반대론자들보다 훨씬 더 극단적이고 철저했다. 다른 성상반대론자들의 경우 이야기서술 이미지는 교육적 기능이 있음을 인정했고 성상icon도 우상idol으로 오용되지 않는 한 교회의 장식으로 사용될 수 있다고 하여 이전의 전통과 어느 정도 타협 공존의 가능성을 남겨놓았다. 그러나 칼쉬타트의 이론은 기독교에 있어 시각이미지라는 것이 아예 존재할 필요가 없다고 봄으로써 가톨릭이나 그리스 정교와는 완전히 구분되는 주장을 내세웠기 때문에, 극단적인 만큼 독창적이라고 볼 수도 있다. 具象 이미지뿐 아니라 십자가 같은 기호sign까지도 종교적으로 불필요 심지어는 위험한 것으로 간주하는 이후의 철저한 성상반대 이론은 칼쉬타트의 견해를 그 모태로 한다.

I. 8세기 비잔틴의 성상옹호론과 신성로마제국의 *Libri Carolini*

성상옹호론과 반대론은 이미 비잔틴과 신성로마제국에서 선례가 있었기 때문에 우선 이 8세기 성상 옹호론과 반대론의 개요를 제시하고 루터와 칼쉬타트의 논의를 다루겠다.[1] 비잔틴의 성상 옹호론은 매우 정교하고 그 논거가 다양하지만 역시 그 핵심을 이루는 것은 다마스쿠스의 요한(676~?)이 제시한 이론이다. 요한은 『올바른 신앙에 대하여 *De Fide Orthodoxa*』라는 방대한 저술을 남기는데, 이 책은 이후에 토마스 아퀴나스Thomas Aquinas(1225~1274)가 『신학대전 *Summa Theologica*』을 써서 기독교 신학의 거의 모든 분야에 대해 권위적인 정의를 내렸듯이, 전 4권에 걸쳐 온갖 기독교의 주제에 대해 올바른 신앙의 길을 정의하고 있다. 이중 제4권 16장은 이미지의 문제를 다룬다. 이 책에 이미지의 문제가 나온다는 것은 이미지의 사용에 대해 기독교의 다른 모든 요소에 대해서와 마찬가지로 일

1) 8세기 비잔틴 성상파괴운동의 추이와 여기에서 나온 성상옹호이론, 그리고 이에 대한 신성로마제국의 성상반대론에 대해서는 저자의 다른 논문 「비잔틴 성상 복구운동(8세기)과 신성로마제국의 대응」, 『서양미술사학회 논문집』 24집(2005년 12월)을 참고.

종의 정통성을 부여했다는 점에서 큰 의의가 있다.

그의 논거는 예수의 육화Incarnation가 성상 사용을 정당화한다는 것이다. 구약의 시대에는 비 물질적인 하느님의 모습을 묘사하는 것이 불가능했지만, 신약의 시대에는 신이 직접 인간의 몸, 일종의 이미지로서 우리에게 왔기 때문에 우리가 그를 그림으로 묘사하는 것이 가능하다고 주장했다.

> 그러므로 예전에는 아이콘의 사용이 흔하지 않았다. 그러나 신께서 스스로의 내면의 자비심으로 인해 우리의 구원을 위해, 아브라함에게 인간의 모습으로 보이신 것과도 다르고, 예언자들에게 드러나신 것과도 다르게, 실제로 실체에 있어서도 진실로 인간이 되시어 지상에서 사시고 사람들 사이에서 거하시고 기적을 일으키시고, 고난을 겪으시고, 십자가에 못 박히시고, 부활하시고, 하늘로 올라가시고, 모든 것이 진실로 이루어지시고, 사람들에게 보이신 이래로……

> 'Εντεῦθεν ἐν τῇ Παλαιᾷ οὐκ ἦν τετριμμένη ἡ τῶν εἰκόνων χρῆσις. 'Επεὶ δὲ ὁ θεὸς διὰ σπλάγχνα ἐλέους αὐτοῦ κατὰ ἀλήθειαν γέγονεν ἄνθρωπος διὰ τὴν ἡμετέραν σωτηρίαν, οὐχ ὡς τῷ 'Αβραὰμ ὤφθη ἐν εἴδει ἀνθρώπου, οὐδὲ ὡς τοῖς προφήταις, ἀλλὰ κατ' οὐσίαν γέγονεν ἀληθῶς ἄνθρωπος, διέτριψέ τε ἐπὶ τῆς γῆς, και τοῖς ἀνθρώποις συνανεστράφη, ἐθαυματούργησεν, ἔπαθεν, ἐσταυρώθη, ἀνέστη, ἀνελήφθη, καὶ πάντα ταῦτα κατὰ ἀλήθειαν γέγονε, καὶ ὡράθη ὑπὸ τῶν ἀνθρώπων…

> 교부들은 마치 영웅적인 행위처럼 이것들을 그림으로 그려서 간략한 기념물로 쓰는 것을 허가했다.

οἱ Πατέρες συνεῖδον, ὥσπερ τινὰς ἀριστείας, ἐν εἰκόσι ταῦτα γράφεσθαι, εἰς ὑπόμνησιν σύντομον.[2)]

이러한 이미지의 숭배 문제는 성경에 의해 정당화된 것은 아니지만 초대 교회의 전통에서 수립된 것이며 우리는 성경뿐 아니라 초대 교회의 전통 역시 진실한 신앙의 근거로 삼아야 한다고 요한은 강변하면서 사도 바울의 말을 인용하고 있다.

사도들은 많은 것들을 글로 쓰지 않고 전해주었다. 이방인들의 사도인 바울은 다음과 같이 썼다. 그러므로 형제들이여, 굳건히 서서 너희들이 배운 우리의 전통을 지키라. 그것이 말씀으로 주어졌든, 우리들의 서간을 통해 주어졌든. 그리고 고린도인들에게 썼다. 형제들이여 나는 그대들을 칭송한다. 나의 모든 것들을 기억하고 내가 그대들에게 전해준대로, 전통을 지키기 때문에.

Ὅτι δὲ καὶ πλεῖστα οἱ ἀπόστολοι ἀγράφως παραδεδώκασι, γράφει Παῦλος ὁ τῶν ἐθνῶν ἀπόστολος· Ἄρα οὖν, ἀδελφοὶ, στήκετε καὶ κρατεῖτε τὰς παραδόσεις ἡμῶν ἃς ἐδιδάχθητε, εἴτε διὰ λόγου, εἴτε δι᾽ ἐπιστολῆς ἡμῶν. Καὶ πρὸς Κορινθίους· Ἐπαινῶ δὲ ὑμᾶς, ἀδελφοὶ, ὅτι πάντα μου μέμνησθε, καὶ καθὼς παρέδωκα ὑμῖν, τὰς παραδόσεις κατέχετε.[3)]

한편 8세기에 비잔틴에서 성상파괴운동과 성상복구운동이 연이어 벌어지자 특히 후자에 대해 서유럽 신성로마제국의 샤를마뉴 대제가 성상반대 이론을 표명하게 되는데 이것이 바로 그 유명한 『샤를마뉴

---

2) *Patrologia Graeca,* ed. J. P. Migne(1857~1887), vol. 94: col. 1172.
3) Ibid. cols. 1172~1176.

대제의 서 *Libri Carolini*』(이후 『리브리』)로서 샤를마뉴 대제의 주관 하에 라틴교회의 신학자들이 저술하여 794년에 발표되었다. 이후 16세기에 성상 숭배를 반대하는 개신교들의 논리는 놀랍게도 가톨릭 교회의 수호자로 자처하던 샤를마뉴의 『리브리』의 내용과 상당히 비슷하다. 비잔틴 신학자들의 성상옹호론이 16세기 가톨릭 성상옹호론의 선례가 되었듯이, 『리브리』의 성상 비판 역시 16세기 개신교의 성상반대론을 예견한다고 볼 수 있다.

흥미롭게도 『리브리』 역시 이후에 루터가 취하게 되는 입장처럼 과격한 성상의 파괴 제거에는 동의하지 않았다. 그러나 숭배 행위는 오로지 신에게만 향해져야 하며 성상은 장식이나 또는 역사적 사건의 기념reminder 으로서만 교회 안에 설치될 수 있다는 입장을 분명히 하고 있다.

> 오직 신만을 숭배하고 그의 성인들을 경배하면서, 옛 교부들과 교회의 전통을 따라 이미지들을 교회 안에 장식으로, 혹은 과거에 일어났던 일의 기념으로, 그것이 마땅하다면, 설치하라.
>
> sed solum Deum adorantes et eius sanctos venerantes secundum antiquam patrum et ecclesiasticam traditionem eas in ecclesia in ornamento et memoria rerum gestarum, si libet, habeamus.[4]

성상에 반대하는 가장 강력한 논거는 이것이 성경이 금하는 우상 숭배에 다름 아니라는 점이다. 이것은 이후에 16세기 개신교 성상반대론에서도 지속적으로 지적된다.

---

4) *Libri Carolini sive Caroli Magni Capitulare de Imaginibus, Monumenta Germaniae Historica vol. 103*(Hannover, 1979), p.102, lines 15~26.

> 그 안에서 이미지들의 숭배는 어떤 자리도 차지하지 못한다. 왜냐하면 이미지의 숭배는 진실로 어떤 고대의 문서에 의해 정립된 것도 아니고 어떤 선례에 의해 지지되는 것도 아니며, 거의 모든 성서의 말씀에 의해 금지되고 있기 때문이다. 두려운 성서의 나팔은 신만을 경배하고 그만을 숭배하고, 그에게만 영광을 드리라고 울려 퍼지고 있기 때문이다.
>
> Inter quae nullum penitus locum imaginum cultus et adoratio tenent, quoniam quidem nullo antiquitatis instituuntur documento vel fulciuntur exemplo, sed pene cunctarum divinarum scripturarum abdicantur eloquio. Solum namque deum colere, ipusum adorare, ipsum glorificare debere totius divinae Scripturae tuba terribilis intonat.[5)]

이처럼 성상에 대한 이론투쟁의 역사를 이미 가지고 있었던 서유럽은 16세기 종교개혁을 맞아 새로운 국면으로 접어들게 된다. 이제 샤를마뉴의 신학자들이 제기했던 성상반대론은 루터의 추종자들에 의해 더욱 격렬한 성상파괴론으로 계승되는 것이다.

II. 마르틴 루터와 안드레아 칼쉬타트

루터의 이미지 사용에 대한 생각은 그의 여러 성서 주석, 설교문 등에 파편적으로 나타나는데 무엇보다도 초기에 루터는 교회에서 사용하는 이미지나 장엄한 교회 건축을 불필요한 재화 낭비라고 보았다. 즉 종교의 가장 중요한 핵심으로부터 우리의 관심과 정력을 다른

5) Ibid., p.80, lines 9~12.

데로 분산시키는 불필요한 행위라는 논리다.

> 진정한 신의 숭배에는 종(鍾)도, 교회도, 성구들도, 촛불도, 오르간도, 노래도, 그림도, 제단도 필요 없는 것이다…… 왜냐하면 이들 모두는 인간이 만들어낸 장식물이며 신은 이런 것들을 보지도 않을 뿐 아니라, 이들은 진정한 숭배의 마음을 어지럽힌다.[6)]

> 성상은 아무것도 아니요 하느님께서는 성상을 조금도 좋아하시지 않으며, 우리가 그를 위하여 성상을 만들 때에 그를 섬기는 것도 아니며, 그를 즐겁게 할 수 없다는 것과 하느님을 위하여 금 신상을 만드는 것보다는 가난한 사람들에게 금을 주는 것이 보다 좋다는 것을 여러분들은 가르쳐야만 합니다.[7)]

앞에서 말했듯이, 루터 자신은 결코 과격한 성상파괴에 동의하지 않았다. 그는 다음과 같이 말했다.

> 내 글들은 칼쉬타트의 광신이 저지를 일들보다 더 더욱 우상 제거에 공헌했다.

> 내가 이미지들을 사람들의 가슴에서 지워내고 이것들이 경멸되고 파괴되기를 원한다는 것을 칼쉬타트는 잘 알고 있음에도 내가 신의 말씀에 반대하여 이미지들을 보호하고 있다고 비난한다…… 나는 사람들의 봉기나 소란 없이 적절한 권위자에 의해 수행되는 한에서 이미지들을 제거하는 것을 허락하고 그것을 금지하지 않았다.[8)]

---

6) Carl Christensen, *Art and the Reformation in Germany*(Athens, 1979), p.43.
7) 루터선집, 지원용 편집, 민영진 등 역(컨콜디아사, 1983~1993), 권10: p.447.

종교개혁을 시작한 것은 루터였으나, 이후 폭발적인 성상파괴운동에 불을 당긴 것은 칼쉬타트였다. 칼쉬타트는 1510년 루터가 근무했던 비텐베르크 대학에서 신학 박사 학위를 받았으며 루터의 사상에 깊이 공감했다고 한다. 이후 루터가 비텐베르크를 떠나게 되자 그는 이 도시에서 종교개혁 운동의 주도권을 쥐게 되는데 그의 정책들은 루터보다 훨씬 더 급진적이었다. 끝내 루터와 그는 의견 차이를 좁히지 못했으며 1520년대에 들어 루터는 공개적으로 칼쉬타트의 노선을 반대하게 된다. 결국 칼쉬타트는 루터의 후원자였던 프리드리히 대왕 Friedrich the Wise의 영토인 작센에서 떠나야 했으며 이후 쮜리히와 바젤에 정착하는데, 이를 계기로 그의 反성상 사상은 츠빙글리와 칼빈에게 받아들여진다. 스위스와 북네덜란드에서의 철저한 성상파괴운동은 결국 칼쉬타트에 의해 그 씨앗이 뿌려진 것이라고 볼 수 있다. 그가 성상에 대해 가지고 있던 강박관념과 혐오가 어느 정도였는지는 다음의 글을 보면 잘 알 수 있다.

> 나의 마음은 어린 시절로부터 이미지에 경배드리는 속에서 자라왔고 해로운 공포가 내 안에 들어왔으나 나는 이것을 원하는 대로 내 마음에서 지울 수가 없다…… 우리가 머리카락을 잡아당길 때에 우리는 머리카락이 얼마나 견고하게 머릿속에 박혀있는지 알게 된다……. 마찬가지로 이미지들이 얼마나 깊이 내 마음 속에 자리잡고 있는지를 나는 알고 있다.[9]

그의 성상에 대한 의견은 1522년 비텐베르크에서 출판된 조그마한 책자 『성상 제거에 관하여』에 잘 정리되어 있다. 이 소책자의 내용을

8) Christensen(1979), p.42.
9) Jeffrey Chipps Smit, *German sculpture of the later Renaissance, c. 1520~1580 : art in an age of uncertainty*(Princeton, 1994), p.31.

보면 비잔틴이나 『리브리』의 성상 반대론과 비슷한 논거들이 칼쉬타트에게서도 지속적으로 나타나고 있음을 알 수 있다. 이 책자에서 그가 지적하고 있는 문제점은 대체로 세 가지로 정리된다. 우선 그는 아이콘이 구약의 십계명에서 금지하고 있는 우상에 다름 아니라고 주장한다. 아이콘에 행하는 경배행위가 그림 자체를 향한 것이 아니라 그림이 묘사하고 있는 원대상prototype으로 전이된다는 전통적인 성상옹호론을 부정하고 있는 것이다.

> 따라서 누군가가 "나는 이미지를 그 자체로서 숭배하는 것이 아니라 그것이 가리키고 있는 성인을 경배하는 것이다"라고 말할 때에 신의 응답은 간단하고 명확하다: 너는 그들을 숭배해서는 안 된다. 그들을 경배해서도 안 된다. 어떠한 이미지를 만든다 하더라도 그들을 절대로 숭배하지 말 것이며 그들 앞에 무릎 꿇지 말고, 그들 앞에 촛불을 켜지 말라. 너희들이 그림으로 그려진 나의 모습이나 성인들을 모습에 경배드리기를 원했다면 애당초 이미지 만드는 것을 금하지도 않았을 것이다.[10)]

물론 칼쉬타트가 이러한 주장을 하는 근거는 구약에 나오는 십계명이다. 칼쉬타트는 가톨릭에 비해서뿐 아니라 루터와 비교해서도 매우 철저하게 구약을 중시하는데 이것은 초기 교회의 전통을 성서와 함께 중요한 신앙의 근거로 삼고 있는 가톨릭 교회에 맞서 철저하게 성서근본주의를 강조하기 위해서인 듯하다. 사실 가톨릭이 중시하는 초기 교회의 '전통'이라는 것은 신약 시대의 일부분이라고 볼 수 있으니까 말이다.

둘째로, 칼쉬타트는 성상옹호론이 내세우던 경배 행위의 다른 층

---

10) Bryan Mangrum & Giuseppe Scavizzi, *A Reformation Debate: Three Treatises in Translation*(Toronto, 1998), p.25.

위, 즉 경배veneration 와 숭배worship의 차이가 실제로는 제대로 지켜지지 않으며, 우리가 성상 앞에 무릎을 꿇을 때 그것은 신 앞에 무릎을 꿇는 것과 결코 다른 행위가 아니라고 설파한다. 마찬가지로 성인에게 경배하는 것도 결코 신에게 하는 것과 다른 것이 아니며, 결론적으로 경배와 숭배는 동일하다. 따라서 신 외에는 어떠한 존재도 경배 또는 숭배해서는 안 된다.

> 당신들이 이미지로 그려진 성인들을 경배할 때에 성인들이 생시에 금했던 바로 그 경배행위를 하고 있는 것이다. 그들은 생시에 사람들로 하여금 자신들에게 무엇을 바치거나 탄원하기를 허락하지 않았다. 베드로가 사도행전 4장 12절에서 말했듯이 당신들이 구원을 얻을 수 있는 이름은 예수 그리스도 뿐이다.[11]

> 이제 이 사람들이 성 크리스토퍼를 마치 그가 신인 것처럼 우러러보는 것을 보라. 바로 이러한 행위가 숭배라고 불리는 것이 아닌가? '성인이여 오소서. 와서 도우소서.' 이것이 '이미지여, 나를 자유롭게 하고 구원하고 갑작스럽게 죽지 않게 해 주소서'라고 말하는 것과 다른가? 당신들은 신도들에게 성 바울과 성 베드로(의 이미지) 앞에 제물을 바치고 촛불을 켜는 것을 허락했지만, 이런 행위들을 성인들은 그들의 생시에 역병과도 같이 금지시켰던 것이다.
> 또한 보라. 이사야 44장에 이르듯이, 그대들이 신의 뜻을 거스르면서 이미지 앞에 절하고 무릎 꿇는다면 그것은 숭배의 행위이다.
> 만일 사람이 신의 금지와 뜻하는 바를 안다면 그것을 엄격히 따르고, 신의 명에서 그를 일탈시키는 일이라면 그것이 천사의 말이든, 성인의 말이든, 예언자의 말이든 듣지 말아야 한다……[12]

---

11) Mangrum & Scavizzi(1998), p.32.
12) Mangrum & Scavizzi(1998), pp.33~34.

셋째로, 그는 성화가 글을 읽을 줄 모르는 이들에게는 도해된 성서이며 따라서 교육적인 기능을 가진다는 가장 고답적이고 보수적인 성화옹호론마저도 부정한다. 이점은 매우 중요한데, 루터의 경우 숭배용 아이콘cultic image이 아니라 내러티브 이미지의 경우 분명 그 효용이 있음을 인정했던 데에 비해 칼쉬타트는 후자도 완전히 부정하고 있는 것이다. 아이콘뿐 아니라 내러티브까지 부정하고 있는 칼쉬타트의 견해는 이제까지 나온 반 성화론 중에 가장 극단적이고 철저한 것이다. 이러한 견해가 츠빙글리와 칼빈에게 계승된다는 사실은, 결국 종교개혁이 개신교의 독자적인 성화이론이나 성화 양식을 수립하기 보다는 성화라는 것 자체를 종교 문화에서 배제시켜버리는 방향으로 진행되었음을 시사한다.

> 교황 그레고리는 그의 교황주의papist적인 본성을 잊지 않고 이미지를 숭배하면서 그림은 세속인들을 위한 책이라고 했다. 그리스도의 양들이 금지되고 기만적인 책들을 봐도 된다고 한 것은 진실로 교황주의적인 가르침이고, 악마의 역사가 아닌가? 그리스도께서는 '나의 양들은 내 목소리를 듣는다'(요한복음 10 : 27)라고 말씀하셨지, '나의 양들이 나의 또는 성인들의 이미지를 본다'고는 하지 않으셨다.
>
> 이미지들은 귀먹었고 어리석으며 보지도 듣지도 못하고 배우지도 가르치지도 못하며 전혀 쓸모 없는 순수한 육(肉, flesh)만을 가리키므로, 결론적으로 무가치한 것이다. 그러나 신의 말씀은 영적이며 이것만이 신자들에게 유용한 것이다.
>
> 그러므로 이미지가 속인들에게 책이라는 말은 거짓이다. 왜냐하면 속인들은 이미지로부터 구원에 대해서는 아무것도 배울 수 없고 구원에 도움이 되거나 기독교인의 삶에 필요한 것은 아무것도 얻을 수 없기 때문이다.
>
> 나는 왜 교황들이 속인들에게 그러한 책(이미지)을 내세웠는지에 주목

> 한다. 교황들은 그들의 양들을 성서 안에서 양육하면 그들의 하찮은 시장이 번성하지 못할 것을 알았기 때문이다. 그리고 신자들은 무엇이 신적인지 아닌지 무엇이 옳은지 그른지를 알고 싶어할 것이기 때문이다. 그리스도께서는 또한 말씀하시기를 진리가 너희를 자유롭게 하고 너희들을 그의 제자로 만들 것이라고 했다. (요한복음 8:31-32) 어떤 이미지도 이를 할 수는 없다. 따라서 이미지가 속인들에게 책이라고 말하는 것은 속인들은 예수의 제자가 되어서는 안 된다고 말하는 것과 같다. 또한 이들이 악마의 구속에서 절대 구원 받지 못하고 신적인, 기독교적인 삶에 들어서서는 안 된다고 말하는 것과 같다.[13]

칼쉬타트의 이 책자는 유감스럽게도 루터의 공감을 얻지 못했다. 루터는 칼쉬타트가 군중들을 폭력행위로 선동하는 광신적 선동가라고 비판했던 것이다.

결론

이상에서 본 것처럼 칼쉬타트는 8세기 『리브리』나 루터의 온건한 성상반대론에 비해 훨씬 더 철저한 反성상이론을 주장했다. 특히 개신교 신학자들도 대체로 그 유용성을 인정했던 이야기서술 이미지 narrative까지도 위험하다고 보는 그의 이론은 다소 극단적이기는 하지만 독창적이고 나름대로의 설득력을 가지고 있는 것이 사실이다. 하지만 그는 성상옹호론의 핵심인 예수의 육화문제에 대해서는 별다른 재고를 하지 않았다.

유독 이미지에 대한 공포 또는 혐오가 유대인이나 아랍인 같은 근

13) Mangrum & Scavizzi(1998), pp.26~28.

동 유목민semite들의 종교에서 두드러진다는 점은 흥미롭다. 이미지가 종교에 있어 영적인 경험에 이르는 중요한 수단으로 쓰이는 것은 힌두교나 불교 같은 인도의 종교에서는 매우 흔한 일이다. 또한 그리스 로마 문화권도 인간의 형상으로 신의 모습을 만들어온 오랜 전통을 가지고 있다. 유대교에서 갈려 나온 기독교가 아마도 로마제국 하의 그리스어권에서 유포되고 발전했기 때문에 유대교와는 달리 미술을 적극적인 영적 도구로 사용하게 된 것이 아닐까 하는 생각이 든다.

이런 이유 때문인지 칼쉬타트의 이론을 포함한 모든 성상반대론은 항상 유대인의 전통인 구약의 십계명으로 거슬러 올라간다. 결국 성상옹호론과 반대론이 갈라서는 분기점은 구약의 시대와 신약의 시대의 차이점을 이해하는 방식에 있는 듯하다. 가톨릭이 중시하는 '전통traditio'은 구약의 텍스트를 읽고 이해하는 해석학적 틀을 제시하고 있는데, 바로 이 틀을 개신교들은 거부했던 것이다. 성상파괴론자들은 구약의 텍스트를 보다 근본적으로 읽고 받아들이는 데에서 그 정당성을 찾고자 했다. 하지만 구약에는 십계명만 있는 것이 아니다. 이사야나 예레미야, 특히 다니엘 같은 선지자들의 비전vision경험은 광의의 의미에서는 이미지의 경험이라고도 볼 수 있는데 이 점은 성상반대론이 해결해야 하는 문제라고 생각한다. 이들이 영적인 메시지를 시각경험 또는 유사 시각경험을 통해 얻고 있다면, 그리고 그것이 정당한 방법이었다면 역시 이미지를 통해 영적 경험을 얻고자 하는 성상의 사용 역시 정당하다고 볼 수 있기 때문이다.

참고 문헌

원사료

John of Damascus, *De Fide Orthodoxa* in *Patrologia Graeca (Patrologiae cursus completus. [Series Graeca] : … omnium ss. patrum, doctorum, scriptorumque ecclasiasticorum sive Latinorum sive Græcorum),* ed. J. P. Migne(1857~1887): vol. 94.

Libri carolini sive caroli magni capitulare de imaginibus, Monumenta Germaniae Historica (Hannover, 1979): vol. 103.

Mangrum, Bryan and Giuseppe Scavizzi, *A Reformation Debate: Three Treatises in Translation*(Toronto, 1998).

마르틴 루터, 『루터선집』, 지원용 편집, 민영진 등 역, 총 12권(컨콜디아사, 1983~1993).

Sahas, Daniel., *Icon and Logos: Sources in Eighth Century Iconoclasm*(Toronto, 1986).

The Seven Ecumenical Councils of the Undivided Church, trans H. R. Percival, in Nicene and Post Nicene Fathers, 2nd Series, ed. P. Schaff and H. Wace, reprint(Grand Rapids, 1955).

이차문헌

Christensen, Carl., *Art and the Reformation in Germany* (Athens, 1979).

Feld, Helmut, *Der Ikonoklasmus des Westens*(Leiden, 1990).

Smith, Jeffrey Chipps., *German sculpture of the later Renaissance, c. 1520~1580: art in an age of uncertainty*(Princeton, 1994).

신준형, 「비잔틴 성상 복구운동(8세기)과 신성로마제국의 대응」, 『서양미술사학회 논문집』 24집(2005년 12월).

청소년의 여가만족도, 생활만족도, 스트레스가 문제행동에 미치는 영향*

조아미 | 명지대학교 청소년지도학과 교수

Ⅰ. 연구의 필요성 및 목적

청소년의 문제행동을 여가의 측면에서 바라보기 시작한 것은 최근의 일이다. 이전에는 청소년의 문제행동을 가정, 학교, 사회의 맥락에서 주로 논의해 왔다. 그러나 청소년의 발달에 있어서 여가의 맥락이 중요하다는 주장이 대두되기 시작했고, 그에 대한 논의도 비교적 쉽게 찾아볼 수 있게 되었다(Silbereinsen & Todt, 1994).

이제까지 우리 사회에서는 청소년의 여가에 대해서 관심을 가지지 않았던 것이 사실이다. 이에 대한 가장 큰 이유는 청소년들이 학교나 학원에서 공부에 시달리기 때문에 이들에게는 여가시간이 없다고 여기기 때문이다. 이것은 어떤 면에서 올바른 지적이라고 할 수 있다. 그러나 청소년에게도 적건 많건 간에 여가시간이 있다.

* 이 연구는 2004년 제1회 한국청소년패널 학술대회에서 발표한 것을 수정 · 보완한 것입니다.

우리나라 청소년의 여가시간은 중학생의 경우 평일에는 381.9분, 주말에는 656.4분인 것으로 나타나고 있고, 고등학생의 경우 평일에는 381.9분, 주말에는 514.5분인 것으로 나타났다(성동규, 2001). 물론 여가시간을 어떻게 정의하느냐에 따라 달라질 수 있겠지만, 그리고 우리 청소년들은 여가시간에 주로 학교공부나 학원에 다닌다는 것이 다르겠지만 우리나라 청소년의 여가시간은 외국 청소년의 여가시간보다 양적인 면에서는 적은 것이 아니라고 할 수 있다(조아미, 2004). 앞으로 주5일 수업이 실시되면 청소년들은 지금보다 양적으로 많은 여가시간을 가질 것이다.

또한 우리나라 청소년들은 학교공부를 많이 하기 때문에 여가가 별로 없어서 여가가 중요하게 생각되지 않는다고 할 수 있다. 그러나 2002년을 기준으로 볼 때, 고등학교 미진학자가 9만 2천여 명, 인문계 고등학생 중 대학 미진학자가 7만 3천여 명, 실업계 고등학생 중 대학 미진학자가 26만 5천여 명이라는 점을 감안할 때, 학생 청소년이 아닌 이들 청소년에게는 여가가 중요한 생활의 맥락이라고 할 수 있다.

청소년의 문제행동을 여가와 관련시켜 보면, 청소년들이 여가시간을 지루해하고 흥미를 느끼지 못하면 그들에게 즐거움과 만족을 줄 수 있는 무엇인가를 찾아서 그것을 하게 된다는 것이다. 그런데 그러한 행동들이 대체로 문제행동이고 그 중에서도 약물사용이나 폭력행동이 대표적이라고 할 수 있다. 이것을 다시 생각해 보면 청소년들이 여가가 만족스럽지 못하다거나 생활이 만족스럽지 못하고, 스트레스가 많으면 문제행동을 할 가능성이 많다는 것을 의미한다. 이와 같은 맥락에서 여가권태와 문제행동의 관계(Iso-Ahola & Crowley, 1991; 조아미, 2005)에 대한 연구가 진행되었다. 그러나 이 분야의 연구는 활발하게 진행된 편은 아니고 제한적으로만 수행되었다.

그러므로 이 연구에서는 청소년의 여가만족도와 생활만족도를 조사하고, 여가만족도, 생활만족도, 스트레스에 따른 문제행동의 차이를 분석하고, 여가만족도, 생활만족도, 스트레스가 청소년의 문제행동에 미치는 영향을 조사하는데 그 목적을 두고자 한다.

Ⅱ. 연구방법

1. 조사대상

이 연구의 대상은 한국청소년개발원에서 실시한 청소년패널 연구의 대상자이다. 이들은 3,449명의 전국의 중학교 2학년생이었다. 이 중에서 여학생은 1,724명(50%), 남학생은 1,725(50%)였고, 연령별로는 13세 이하 9명(0.3%), 14세 2,691명(78%), 15세 749명(21.7%)였다.

2. 조사도구

조사도구는 한국청소년개발원에서 제작한 설문지를 사용했다. 설문지 문항 중에서 이 연구에 사용된 것은 여가만족도 1문항, 생활만족도 1문항, 스트레스 17문항, 문제행동 6문항(원래는 14문항인데 반응수가 적거나 여가와의 관련성이 적은 8문항은 제외했다. 문제행동에 대해서는 각각의 문항을 가지고 분석하거나 6개 문항을 합한 것을 문제행동으로 하여 분석하기도 했다. 여가만족도와 생활만족도의 경우 각각의 문항으로 분석하기도 하고 두 문항을 합한 것을 여가/생활만족도로 하여 분석하기도 했다.

스트레스 17문항을 요인분석한 결과, 4개 요인이 추출되었다. 요인분석은 주성분요인분석(principal component analysis)을 실시하였고 varimax회전을 하였다. 1요인은 외모/물질 스트레스로 6개 문항, 2요인은 부모 스트레스로 4개 문항, 3요인은 공부 스트레스로 4개 문항, 4요인은 친구 스트레스로 3개 문항으로 각각 구성되어 있다. 신뢰도 검증 결과, 크론바하의 알파계수가 전체 .8804, 외모/물질 스트레스 .8196, 부모 스트레스 .8712, 공부 스트레스 .7769, 친구 스트레스 .8321로 나타나 하위영역 간 신뢰도 계수의 차이가 있기는 하지만 대체로 신뢰로운 것으로 나타났다.

3. 자료수집 및 분석

이 연구의 자료는 중학교 2학년 패널(2003~2008)연구의 1차 조사 자료로서, 자료수집은 2003년 10월 27일부터 12월 20일에 걸쳐 실시되었다. 수집된 자료는 빈도와 백분율, 카이자승 검증, t검증, 최적화 척도(optimal scaling) 회귀분석을 실시하였다.

Ⅲ. 연구결과

1. 청소년의 여가만족도와 생활만족도

1) 여가만족도

청소년들이 본인의 현재 여가생활에 전반적으로 만족하는 정도를 조사한 결과, 보통이다 라는 응답이 1,363명(39.5%)으로 가장 많았고, 그 다음이 만족하는 편이다 1,208명(35%), 만족하지 못하는 편이다 521명(15.1%), 매우 만족한다 241명(7%), 전혀 만족하지 못한다 116명(3.4%)의 순으로 나타났다. 이것은 우리나라 청소년들이 자신의 여가에 대해 비교적 만족하는 경우가 그렇지 않은 경우보다 많다는 것을 의미한다. 이를 성별과 여가만족도(만족과 불만족)로 나누어 살펴보면, 여자 청소년이 남자 청소년보다 여가에 대한 만족도가 낮았는데 이것은 통계적으로도 유의한 차이가 있었다.

〈표 1〉 청소년 여가만족도의 빈도 및 퍼센트

구 분	빈도	퍼센트
전혀 만족하지 못한다	116	3.4
만족하지 못하는 편이다	521	15.1
보통이다	1,363	39.5
만족하는 편이다	1,208	35.0
매우 만족한다	241	7.0
합계	3,449	100.0

〈표 2〉 성별 여가만족도의 차이

구 분		여가만족도		합계
		불만족	만족	
성별	남자	255(23.7%)	819(76.3%)	1,074(100.0%)
	여자	382(37.7%)	630(62.3%)	1,012(100.0%)
χ^2 = 48.172 p = .000				

2) 생활만족도

청소년이 자신의 삶에 전반적으로 얼마나 만족하는지를 조사한 결과, 만족하는 편이다가 1,626명(47.1%)로 가장 많았고, 그 다음이 보통이다 1,072명(31.1%), 만족하지 못하는 편이다 421명(12.2%), 매우 만족한다 276명(8%), 전혀 만족하지 못한다 54명(1.6%)의 순으로 나타났다. 청소년의 여가만족도와 마찬가지로 청소년들은 그들의 삶에 대해 불만족하기보다는 만족하는 경향이 있는 것으로 나타났다. 이것을 성별과 생활만족도(만족과 불만족)로 나누어 살펴보면, 남자 청소년보다 여자 청소년이 생활만족도가 낮은 것으로 나타나는데 통계적으로도 유의한 차이가 있었다. 이것으로 여자 청소년은 남자 청소년보다 여가만족도와 생활만족도가 낮다는 것을 알 수 있다.

〈표 3〉 청소년 생활만족도의 빈도 및 퍼센트

구 분	빈도	퍼센트
전혀 만족하지 못한다	54	1.6
만족하지 못하는 편이다	421	12.2
보통이다	1,072	31.1
만족하는 편이다	1,626	47.1
매우 만족한다	276	8.0
합계	3,449	100.0

〈표 4〉 성별 생활만족도의 차이

구 분		생활만족도		합계
		불만족	만족	
성별	남자	173(13.8%)	1,084(86.2%)	1,257(100.0%)
	여자	302(27.0%)	818(73.0%)	1,120(100.0%)
χ^2 = 64.553 p = .000				

3) 여가만족도와 생활만족도의 관계[1)]

청소년의 여가만족도와 생활만족도의 관계를 분석해 보면, 청소년

1) 여가만족도와 생활만족도에서 불만족과 만족은 불만족의 경우 전혀 만족하지 못한다와 만족하지 못하는 편이다를 합한 것이고, 만족의 경우 만족하는 편이다와 매우 만족한다는 합한 것이다. 보통이다라는 응답은 여기서 제외하고 분석하였다.

들은 생활과 여가에 만족하는 경우가 83.3%이고 생활은 만족하지만 여가는 만족하지 않는 경우가 16.7%였다. 생활은 불만족하지만 여가는 만족한다는 30.3%이고 생활과 여가 모두 불만족한다는 응답은 69.7%였다. 이것은 통계적으로도 유의한 차이가 있었는데, 여가만족과 생활만족은 다를 수 있다는 것을 의미한다.

〈표 5〉 여가만족도와 생활만족도의 관계

구 분		여가만족도		합계
		불만족	만족	
생활만족도	불만족	216(69.7%)	94(30.3%)	310(100.0%)
	만족	211(16.7%)	1,054(83.3%)	1,265(100.0%)
χ^2 = 353.896 p = .000				

2. 여가만족도, 생활만족도, 스트레스, 문제행동[2]의 관계

1) 여가만족도, 생활만족도와 문제행동의 관계

청소년의 여가만족도와 생활만족도가 담배피우기 등의 문제행동과 어떤 관계가 있는 지를 조사한 결과는 다음과 같다. 우선 담배피우기의 경우, 여가가 불만족스러운 청소년의 경우 16.3% 여가가 만족스러운 청소년의 경우 12%가 담배를 피운 경험이 있다고 응답했다. 이것은 통계적으로도 유의한 차이가 있는 것으로 여가가 불만족스럽다

2) 문제행동은 담배피우기, 술마시기, 무단결석, 가출경험, 성관계 경험, 다른 사람 때리기, 패싸움, 남의 돈이나 물건을 뺏기(삥뜯기), 남의 돈이나 물건을 훔치기, 원조교제, 남을 심하게 놀리거나 조롱하기, 남을 협박하기, 다른 친구를 집단따돌림(왕따)시키기, 성폭행이나 성희롱하기의 14개 문항으로 구성되었으나, 이 중에서 빈도가 적은 성관계 경험, 패싸움, 원조교제, 남을 협박하기, 성폭행이나 성희롱하기, 무단결석, 가출경험, 남을 심하게 놀리거나 조롱하기는 제시하지 않았다.

는 청소년이 담배를 피울 가능성이 높다는 것을 알 수 있다. 이것은 생활만족도와 담배피우기의 관계도 마찬가지이다.

〈표 6〉 여가만족도와 담배피우기

구 분		담배피우기		합계
		없다	있다	
여가만족도	불만족	533(83.7%)	104(16.3%)	637(100.0%)
	만족	1,275(88.0%)	174(12.0%)	1,449(100.0%)
χ^2 = 7.143 p = .010				

〈표 7〉 생활만족도와 담배피우기

구 분		담배피우기		합계
		없다	있다	
생활만족도	불만족	361(76.0%)	114(24.0%)	475(100.0%)
	만족	1,702(89.5%)	200(10.5%)	1,902(100.0%)
χ^2 = 60.282 p = .000				

청소년의 여가만족도와 술마시기의 관계를 보면, 여가가 불만족스럽다는 청소년의 37.5%, 만족스럽다는 청소년의 26.5%가 술마신 경험이 있는 것으로 나타났다. 이것은 여가가 만족스러울 때보다는 그렇지 못할 때 청소년들이 술을 마시는 경향이 있다는 것을 의미한다. 이것은 생활만족도와 술마시기의 관계에서도 마찬가지로 나타나는데, 생활이 불만족스러운 청소년의 46.5%가 술을 마신 경험이 있는 반면 생활이 만족스러운 청소년은 25.6%만이 술을 마셔본 경험이 있는 것으로 나타났고 이러한 차이는 통계적으로도 유의했다.

〈표 8〉 여가만족도와 술 마시기

구 분		술 마시기		합계
		없다	있다	
여가만족도	불만족	398(62.5%)	239(37.5%)	637(100.0%)
	만족	1,065(73.5%)	384(26.5%)	1,449(100.0%)
χ^2 = 25.647 p = .000				

〈표 9〉 생활만족도와 술 마시기

구 분		술 마시기		합계
		없다	있다	
생활만족도	불만족	254(53.5%)	221(46.5%)	475(100.0%)
	만족	1,416(74.4%)	486(25.6%)	1,902(100.0%)
χ^2 = 80.015 p = .000				

다른 사람 때리기는 청소년의 여가만족도와 생활만족도에 따라 통계적으로 유의한 차이가 있었다. 여가가 불만족스러운 청소년의 11.9% 만족스러운 청소년의 7.7%가 다른 사람을 때린 경험이 있는 것으로 나타난 반면, 생활이 불만족스러운 청소년의 12.8% 만족스러운 청소년의 8%가 다른 사람을 때린 경험이 있었다.

〈표 10〉 여가만족도와 다른 사람 때리기

구 분		다른 사람 때리기		합계
		없다	있다	
여가만족도	불만족	561(88.1%)	76(11.9%)	637(100.0%)
	만족	1,338(92.3%)	111(7.7%)	1,449(100.0%)
χ^2 = 9.888 p = .002				

〈표 11〉 생활만족도와 다른 사람 때리기

구 분		다른 사람 때리기		합계
		없다	있다	
생활만족도	불만족	414(87.2%)	61(12.8%)	475(100.0%)
	만족	1,749(92.0%)	153(8.0%)	1,902(100.0%)
χ^2 = 10.680 p = .002				

남의 돈이나 물건 뺏기와 청소년의 여가만족도, 생활만족도의 관계를 살펴본 결과, 청소년의 여가만족도와 생활만족도에 따라 남의 돈이나 물건 뺏기 경험에는 통계적으로 유의한 차이가 있었다. 여가가 불만족스러운 청소년의 7.8% 만족스러운 청소년의 4.3%, 그리고 생활이 불만족스러운 청소년의 9.9% 만족스러운 청소년의 4.3%가 남의 돈이나 물건을 뺏은 경험이 있는 것으로 나타났다.

〈표 12〉 여가만족도와 남의 돈이나 물건 뺏기

구 분		남의 돈이나 물건 뺏기		합계
		없다	있다	
여가만족도	불만족	587(92.2%)	50(7.8%)	637(100.0%)
	만족	1,386(95.7%)	63(4.3%)	1,449(100.0%)
χ^2 = 10.588 p = .002				

여가와 생활이 불만족스럽다는 청소년이 그렇지 않은 청소년보다 남의 돈이나 물건을 훔치는 경우가 많았다. 이러한 차이는 통계적으로도 유의한 것이었다. 여가가 불만족스럽다는 청소년의 9.1% 만족스럽다는 청소년의 6.3%, 그리고 생활이 불만족스럽다는 청소년의 10.5% 만족스럽다는 청소년의 5.9%가 남의 돈이나 물건을 훔쳐본 경험이 있었다.

〈표 13〉 생활만족도와 남의 돈이나 물건 뺏기

구 분		남의 돈이나 물건 뺏기		합계
		없다	있다	
생활만족도	불만족	428(90.1%)	47(9.9%)	475(100.0%)
	만족	1,821(95.7%)	81(4.3%)	1,902(100.0%)
χ^2 = 23.697 p = .000				

〈표 14〉 여가만족도와 남의 돈이나 물건 훔치기

구 분		남의 돈이나 물건 훔치기		합계
		없다	있다	
여가만족도	불만족	579(90.9%)	58(9.1%)	637(100.0%)
	만족	1,358(93.7%)	91(6.3%)	1,449(100.0%)
χ^2 = 5.324 p = .026				

〈표 15〉 생활만족도와 남의 돈이나 물건 훔치기

구 분		남의 돈이나 물건 훔치기		합계
		없다	있다	
생활만족도	불만족	425(89.5%)	50(10.5%)	475(100.0%)
	만족	1,790(94.1%)	112(5.9%)	1,902(100.0%)
χ^2 = 12.873 p = .001				

청소년들이 친구를 집단따돌림한 경험과 여가만족도, 생활만족도와 관계가 있는지를 조사한 결과, 청소년의 여가만족도와 생활만족도에 따라 친구를 집단따돌림한 경험에 차이가 있는 것으로 나타났다. 여가가 불만족스러운 청소년의 18.8% 만족스러운 청소년의 11.5%, 그리고 생활이 불만족스러운 청소년의 19.8% 만족스러운 청소년의 13.1%가 친구를 집단따돌림한 경험이 있었다.

<표 16> 여가만족도와 집단따돌림 시키기

구 분		집단따돌림 시키기		합계
		없다	있다	
여가만족도	불만족	517(81.2%)	120(18.8%)	637(100.0%)
	만족	1,282(88.5%)	167(11.5%)	1,449(100.0%)
χ^2 = 19.944 p = .000				

<표 17> 생활만족도와 집단따돌림 시키기

구 분		집단따돌림 시키기		합계
		없다	있다	
생활만족도	불만족	381(80.2%)	94(19.8%)	475(100.0%)
	만족	1,652(86.9%)	250(13.1%)	1,902(100.0%)
χ^2 = 13.561 p = .000				

이 연구의 분석에 사용된 각각의 문제행동 6문항을 합하여 문제행동으로 하여 여가만족도와 생활만족도에 따른 문제행동의 차이를 조사한 결과, 카이자승 검증과 마찬가지로 통계적으로 유의한 차이가 있었다. 여가와 생활에 대해 불만족하는 집단이 만족하는 집단보다 문제행동을 더 많이 하는 것으로 나타났다.

<표 18> 여가만족도와 생활만족도에 따른 청소년의 문제행동 차이

변인	구분	평균	표준편차	t	p
여가만족도	불만족	7.02	1.33	5.56	.000
	만족	6.68	1.07		
생활만족도	불만족	7.24	1.42	8.09	.000
	만족	6.67	1.06		

2) 스트레스와 문제행동의 관계

청소년의 스트레스와 문제행동의 관계를 분석한 결과, 담배피우기의 경우, 청소년의 담배 피운 경험에 따라 스트레스의 차이가 있는지를 조사한 결과, 부모 스트레스, 공부 스트레스, 외모/물질 스트레스에 통계적으로 유의한 차이가 있었다. 이것은 담배를 피운 청소년 집단이 그렇지 않은 청소년 집단보다 부모 스트레스, 공부 스트레스, 외모/물질 스트레스가 높다는 것을 의미한다.

〈표 19〉 담배피우기 경험에 따른 스트레스 차이

구분	담배피우기	평균	표준편차	t	p
부모스트레스	없다	8.0803	2.82835	-8.517	.000
	있다	9.4026	3.12949		
공부스트레스	없다	15.5209	4.01569	-4.280	.000
	있다	16.4847	4.55513		
친구스트레스	없다	6.3051	2.47460	-.253	.800
	있다	6.3406	2.84496		
외모/물질스트레스	없다	15.2256	5.02628	-8.041	.000
	있다	17.2729	5.37334		

청소년이 술을 마신 경험에 따라 스트레스의 차이가 있는지를 조사한 결과, 술마신 경험에 따라 부모 스트레스, 공부 스트레스 외모/물질 스트레스에 차이가 있었다. 즉 술마신 경험이 있는 집단이 없는 집단보다 부모 스트레스, 공부 스트레스, 외모/물질 스트레스가 많다는 것이다.

〈표 20〉 술 마시기 경험에 따른 스트레스 차이

구분	술 마시기	평균	표준편차	t	p
부모스트레스	없다	7.8695	2.79279	-11.712	.000
	있다	9.1297	2.96348		
공부스트레스	없다	15.2686	4.01377	-8.143	.000
	있다	16.5109	4.17656		
친구스트레스	없다	6.2794	2.46642	-1.031	.303
	있다	6.3784	2.65729		
외모/물질스트레스	없다	14.7594	4.93239	-13.042	.000
	있다	17.1686	5.14712		

다른 사람을 때린 경험이 있는지에 따라 스트레스 수준의 차이가 있는 지를 분석한 결과, 부모 스트레스, 공부 스트레스, 외모/물질 스트레스에 통계적으로 유의한 차이가 있는 것으로 나타났다. 이것은 다른 사람을 때린 경험이 있는 청소년이 그렇지 않은 청소년보다 부모 스트레스, 공부 스트레스, 외모/물질 스트레스가 많다는 것을 의미한다.

〈표 21〉 다른 사람 때리기 경험에 따른 스트레스 차이

구분	다른 사람 때리기	평균	표준편차	t	p
부모스트레스	없다	8.1291	2.85037	-7.599	.000
	있다	9.5355	3.13303		
공부스트레스	없다	15.5046	4.03256	-6.020	.000
	있다	17.1097	4.51974		
친구스트레스	없다	6.2808	2.47702	-1.849	.065
	있다	6.6032	2.97029		
외모/물질스트레스	없다	15.3976	5.02984	-3.219	.001
	있다	16.5097	5.87339		

남의 돈이나 물건을 빼앗아 본 경험에 따라 청소년의 스트레스 수준에 차이가 있는지를 조사한 결과, 부모 스트레스, 공부 스트레스, 외모/물질 스트레스 사이에 차이가 있는 것으로 나타났다. 즉 남의 돈이나 물건을 빼앗아 본 경험이 있는 청소년은 그렇지 않은 청소년보다 부모 스트레스, 공부스트레스, 외모/물질 스트레스가 높다는 것이다.

〈표 22〉 남의 돈이나 물건 뺏기 경험에 따른 스트레스 차이

구분	남의 돈이나 물건 뺏기	평균	표준편차	t	p
부모스트레스	없다	8.1670	2.85453	-6.565	.000
	있다	9.7831	3.31350		
공부스트레스	없다	15.5795	4.04921	-3.550	.000
	있다	16.8466	4.80832		
친구스트레스	없다	6.3131	2.50678	.279	.781
	있다	6.2540	2.85259		
외모/물질스트레스	없다	15.3878	5.06387	-5.250	.000
	있다	17.3915	5.63189		

남의 돈이나 물건을 훔친 경험에 따라 청소년의 스트레스에 차이가 있는지를 조사한 결과, 부모 스트레스, 공부 스트레스, 친구 스트레스, 외모/물질 스트레스에 차이가 있는 것으로 나타났다. 이것은 남의 돈이나 물건을 훔친 경험이 있는 청소년이 그렇지 않은 청소년보다 스트레스의 하위 유형 모두 높은 스트레스를 경험한다는 것을 의미한다.

〈표 23〉 남의 돈이나 물건 훔치기 경험에 따른 스트레스 차이

구분	남의 돈이나 물건 훔치기	평균	표준편차	t	p
부모스트레스	없다	8.1802	2.88442	-5.609	.000
	있다	9.2678	2.98797		
공부스트레스	없다	15.5717	4.06503	-4.059	.000
	있다	16.6862	4.47470		
친구스트레스	없다	6.2823	2.49102	-2.034	.043
	있다	6.6807	2.94516		
외모/물질스트레스	없다	15.3701	5.06279	-5.378	.000
	있다	17.2092	5.57362		

친구를 십난따돌림한 경험이 있는 청소년과 그렇지 않은 청소년 간에 스트레스의 차이가 있는지를 살펴본 결과, 부모 스트레스, 공부 스트레스, 친구 스트레스, 물질/외모 스트레스에 통계적으로 유의한 차이가 있었다. 이것은 친구를 집단따돌림시킨 경험이 있는 청소년이 그러한 경험이 없는 청소년보다 부모, 공부, 친구, 물질/외모에 대한 스트레스가 많다는 것을 의미한다.

〈표 24〉 집단따돌림 시키기 경험에 따른 스트레스 차이

구분	집단 따돌림 시키기	평균	표준편차	t	p
부모스트레스	없다	8.1437	2.88583	-5.588	.000
	있다	8.9325	2.92767		
공부스트레스	없다	15.4807	4.06678	-5.949	.000
	있다	16.6667	4.18346		
친구스트레스	없다	6.2687	2.49635	-2.226	.026
	있다	6.5583	2.69128		
외모/물질스트레스	없다	15.2656	5.03541	-6.598	.000
	있다	16.9076	5.40402		

3. 여가만족도, 생활만족도, 스트레스가 문제행동에 미치는 영향

청소년의 여가/생활만족도, 스트레스, 문제행동의 관계를 조사하기 위해 상관분석을 실시한 결과, 청소년의 문제행동은 부모, 공부, 친구, 외모/물질 스트레스와 정적 상관, 그리고 여가/생활만족도와는 부적 상관이 있는 것으로 나타났다. 이것은 문제행동을 많이 하는 청소년일수록 부모, 공부, 친구, 외모/물질에 대한 스트레스가 높고 여가/생활만족도는 낮다는 것을 의미한다.

〈표 25〉 여가/생활만족도, 스트레스, 문제행동의 관계

변인	상관계수	유의도
부모 스트레스	.235	.000
공부 스트레스	.167	.000
친구 스트레스	.038	.027
외모/물질 스트레스	.214	.000
여가/생활만족도	−.157	.000

여가만족도, 생활만족도, 스트레스가 청소년의 문제행동에 미치는 영향을 분석하기 위해 최적화척도 회귀분석을 실시하였다. 그 결과, 담배피우기의 경우 부모 스트레스, 외모/물질 스트레스, 생활만족도가 청소년의 담배피우기에 영향을 미치는 것으로 나타났고, 이들 변인은 담배피우기 전체 변량의 4.5%를 설명하고 있었다. 술마시기의 경우 부모 스트레스, 친구 스트레스, 외모/물질 스트레스, 생활만족도가 영향을 미치는 것으로 나타났고, 전체 변량의 8.1%를 설명하는 것으로 나타났다. 다른 사람 때리기의 경우 부모 스트레스만이 영향력이 있는 변인이었고 부모 스트레스는 다른 사람 때리기 전체 변량의 2.3%를 설명했다. 남의 돈이나 물건 뺏기의 경우 부모와 친구 스

트레스가 영향을 미치고 있었고, 이들 변인은 전체 변량의 2.8%를 설명하는 반면, 남의 돈이나 물건 훔치기의 경우 외모/물질 스트레스만이 영향을 미치고 있었고 이것은 전체 변량의 1.5%를 설명하는 것으로 나타났다. 집단따돌림 시키기의 경우 여가만족도만이 영향을 미치는 것으로 나타났는데 전체 변량의 2.5%를 설명했다.

〈표 26〉 여가만족도, 생활만족도, 스트레스가 청소년의 문제행동에 미치는 영향

문제행동	독립변인	표준화 계수(Beta)	F	유의도 (Sig)	R2
담배 피우기	부모스트레스	.111	12.013	.001	.045
	외모/물질스트레스	.092	8.982	.003	
	생활만족도	-.112	13.965	.000	
술 마시기	부모스트레스	.134	18.167	.000	.081
	친구스트레스	-.061	5.044	.025	
	외모/물질스트레스	.152	25.634	.000	
	생활만족도	-.087	8.696	.003	
다른 사람 때리기	부모스트레스	.079	6.012	.014	.023
남의 돈이나 물건 뺏기	부모스트레스	.101	9.782	.002	.028
	친구스트레스	-.067	5.718	.017	
남의 돈이나 물건 훔치기	외모/물질스트레스	.084	7.282	.007	.015
집단 따돌림 시키기	여가만족도	-.093	10.326	.001	.025

Ⅳ. 논의 및 결론

이 연구의 목적은 청소년의 여가만족도와 생활만족도를 조사하고, 여가만족도, 생활만족도, 스트레스에 따른 문제행동의 차이를 분석하

고, 여가만족도, 생활만족도, 스트레스가 청소년의 문제행동에 미치는 영향을 조사하는 것이었다. 연구결과, 다음과 같은 논의 및 결론이 도출되었다.

첫째, 우리나라 청소년들은 그들의 여가와 삶에 대해 전반적으로 만족하는 편인 것으로 나타났다. 그리고 여가보다는 생활에 만족한다는 청소년이 좀더 많았다. 이러한 결과는 일반적으로 우리 사회의 청소년들이 즐길 여가시간, 시설 등의 제약이 많고 대학입시 위주의 분위기로 인하여 여가나 생활에 대한 만족도가 낮을 것이라는 예상과는 다른 것이었다. 그들이 여가와 삶을 즐기는데 여러 제약이 있음에도 불구하고 청소년들은 여가와 삶에 대해서 만족스러워하는 모습을 보이고 있다.

둘째, 남자 청소년보다 여자 청소년들이 여가나 생활에 대해 더 불만족하는 것으로 나타났다. 이것은 우리나라 청소년의 경우 남자 청소년보다 여자 청소년이 여가에 대한 제약이 더 많기 때문일 수 있다. 예를 들어 여자 청소년은 남자 청소년보다 여가시간이 적은 것으로 알려져 있다(조아미, 2004).

셋째, 여가나 생활이 만족스러운 집단과 불만족스러운 집단 사이에는 담배피우기, 술 마시기, 다른 사람 때리기, 남의 돈이나 물건 뺏기, 남의 돈이나 물건 훔치기, 집단따돌림 시키기의 차이가 있었다. 이것은 여가나 생활이 불만족스럽다는 청소년이 만족스럽다는 청소년보다 담배 피운 경험도 많고 술 마신 경험도 많고, 다른 사람을 때린 경험도 많고, 남의 돈이나 물건을 뺏거나 훔친 경험도 더 많고 집단따돌림을 시킨 경험도 더 많다는 것을 의미한다. 이것은 여가가 만족스럽지 못할 때 약물을 사용하거나 비행을 저지를 수 있다는 선행연구들의 결과와 일치하는 것이다.

넷째, 문제행동에 따른 스트레스의 차이를 보면, 담배 피우기, 술마시기, 다른 사람 때리기, 남의 돈이나 물건 뺏기의 경우 친구 스트레스를 제외하고는 통계적으로 유의한 차이가 있었다. 즉 담배 피우기, 술마시기, 다른 사람 때리기, 남의 돈이나 물건뺏기의 경험이 있는 집단의 청소년이 없는 집단의 청소년보다 부모, 공부, 외모나 물질에 대한 스트레스가 더 많다는 것이다. 한편 남의 돈이나 물건 훔치기와 집단따돌림 시키기의 경우 부모, 공부, 친구, 외모나 물질에 대한 스트레스에 있어서 차이가 있었다. 이것은 문제행동을 하는 청소년의 스트레스가 그렇지 않은 청소년보다 높다는 것을 의미한다. 그리고 이들은 다른 스트레스보다 친구에 대한 스트레스는 덜 받는다는 것을 의미한다.

다섯째, 여가만족도, 생활만족도, 스트레스가 청소년의 문제행동을 설명하는 비율은 높지는 않지만 의미가 있다고 볼 수 있다.

여섯째, 청소년의 문제행동에 대한 여가만족도의 설명력이 낮았다. 이것은 여가만족도의 척도 때문일 수도 있고 여가만족도와 문제행동의 관계에 있어서 스트레스가 매개변인의 역할을 하기 때문일 수도 있다. 그러나 이 연구에서는 그에 대한 해답을 찾기가 어렵다. 여가만족도와 문제행동의 관계에 있어서 스트레스의 역할에 대한 후속연구가 수행될 필요가 있다고 본다.

참고 문헌

성동규(2001). 청소년의 여가시간 활용실태와 독서습관 개선방안 연구, 한국간행물윤리위원회.

조아미(2004). 청소년기의 여가(405~432쪽), 청소년심리학, 교육과학사.

조아미(2005). 청소년의 여가동기와 문제행동의 관계에 있어서 매개변인으로서의 여가권태의 역할: 폭력행동과 약물사용을 중심으로, 청소년학연구, 12(1).

Iso-Ahola, S.E. & Crowley, E.D.(1991). Adolescent substance abuse and leisure boredom, Journal of Leisure Research, 23(3) 260~271.

Silbereisen, R.K. & Todt, E.(1994). Adolescence in context: The interplay of family, school, peers, and work in adjustment, New York: Springer-Verlag.

정보문화와 교육: 영어교육과 컴퓨터 매개 커뮤니케이션의 영향

김인철 | 명지대학교 인문과학연구소 책임연구원

I. 서론

정보산업의 발달은 다양한 정보문화를 양산함으로써 이전에 생각지 못했던 수많은 일들이 가능하고 또 가능해질 것으로 보인다. 컴퓨터 매개 커뮤니케이션(CMC: computer-mediated communication)도 그 중 하나이며, 컴퓨터 산업의 발달과 인터넷의 확산으로 정보전달 및 의사소통 수단으로 컴퓨터 매개 커뮤니케이션이 많이 이용되고 있다. 이에 따라 가상공간을 통한 커뮤니케이션은 현실세계에서의 커뮤니케이션에 못지않게 중요한 비중을 차지해 가고 있는 양상이며, 교육 현장도 예외는 아니어서 여러 가지 다양한 형태로 컴퓨터 매개 커뮤니케이션을 교육적 측면에 활용하고 있는 실정이다. 컴퓨터 매개 커뮤니케이션의 발달은 더 많은 교육기회를 제공하고 있으며, 또한 이를 응용 활용한 원격 교육공학은 기존의 고립감을 완화시켜 전 세계의 학습자들을 연결시켜주는 고리와도 같은 역할을 하고 있다. 학생, 교사, 부모들의 원거리 통신에 대한 자각은 현존 공학의 새로운 용도를 실감케 하고 있으며, 학습을 교육과정과 방법의 측면에서 더욱 유연화시켜 주고 있다.

영어교육의 목표가 의사소통능력 신장에 맞추어져 연구되면서 컴퓨터 매개 커뮤니케이션을 활용한 영어교육도 한층 활기를 띠고 있다. 인터넷의 속도가 빨라짐에 따라 과거 읽기 쓰기 등 문자 중심의 커뮤니케이션에서 듣기 말하기 등 음성 언어 중심의 커뮤니케이션이 가능하게 되었으며, 이에 따라 학습자들은 목표언어로 상호 작용할 수 있는 기회에 더욱 더 많이 노출되고 있다. 이러한 환경 조성은 궁극적으로 의사소통능력 신장이라는 영어교육의 목표에도 부합하는 것으로 볼 수 있을 것이다. 본 논문에서는 컴퓨터 매개 커뮤니케이션의 특징과 컴퓨터 매개 커뮤니케이션이 영어교육에 미치는 영향을 알아봄으로써 향후 컴퓨터 매개 커뮤니케이션을 활용한 영어교육의 바람직한 방향을 모색해 보고자 한다.

II. 배경

언어는 변화하는 속성이 있다. 과거 언어 변화의 속도는 워낙 느렸기 때문에 개인이 살아있는 동안에는 그 변화를 감지하기가 매우 어려울 정도였다. 그러나 과학기술의 발전으로 교통과 통신기술이 급격히 발달함에 따라 지금은 언어가 변화하는 모습을 바로 눈앞에서 목격할 정도가 되었고 사람들의 언어관에는 혼란이 오기 시작했다. 결국 컴퓨터 매개 커뮤니케이션의 영향이 아니더라도 언어는 변화하기 마련이지만 과학기술이 발달한 만큼 언어 변화의 속도가 빨라지게 됨으로써 컴퓨터 매개 커뮤니케이션에서 사용되는 언어와 현실세계에서 쓰이는 언어와의 차이점이 피부로 느낄 정도가 되었다고 할 수 있을 것이다. 다음은 "What women want"란 영화에 대한 평의 일부

를 인터넷에서 그대로 가져온 것이다.[1)]

At 5:12 PM Sarah said:

Mel, i think you are the BEST! Your movie "what women want" i thought it was so funny and romantic! Im 13 and i love the way you act! my favorite movie you made was the Patriot. That was an excellent movie. Im like your biggest fan!

At 1:41 PM Sarah Reid. Age 17 said:

Mel you're the greatest, i love all you're movies. First being "what women want. It's quite simply fabulous. I too believe you have got better with age, and also that you get more beautiful by the day.

At 5:13 AM Steven said:

Mary Jand, if you are interested in knowing the facts (versus the fiction you have swallowed and then related as truth) then please visit the Urban Legends And Folklore website by David Emery. Just enter-Mel Gibson The Rest Of The Story? at Google or any search engine. The fable that you share is simply false. The facts are stated plainly at the Urban Legends site. So, would you rather know the facts or continue to espouse falsehoods?

At 10:41 PM Lynn said:

---

1) www.time.com에 게시되었던 글이나 이후 홈페이지의 기사 열람이 유료화 되면서 삭제된 내용임.

I think mel is soon hot because in every movie he gets closer and closer to my heart and i would like to marry him even if i had no idea what his personal life was like.

At 4:42 PM natalie hughs said:

hey mr. gibson, i am a big fan of yours (who isn't) but i just wanted to tell you how much i adore you. even though my parents wont let me see all of your movies i think you are a great role model and my hopes are to meet you some day i think you are doing great and keep up the good work love always,

natalie hughs age 13

At 8:48 PM Penny said:

The first time I saw Mad Max I was like 10 years old and I remember telling my dad "Max" he had "majic eyes". In the last 20 years Of following his career(And if i have missed any movies at all i would be surprized...) He has made me laugh and cry more times than I can count. Thanks for sharing your talents with us and giving us countless hours of your best.

At 3:34 PM Jennifer said:

Mel Gibson is my ultimate fantasy man. He definitely improves with age in every area; acting and sexiness. I hope he stays around for a very long time and has much continued success.

위 내용에서 우리는 다음 몇 가지 사항을 쉽게 발견하게 된다.

(1) 띄어쓰기 및 구두점이 일부 무시된다.
(2) 대문자를 소문자로 쓰는 경향이 있다.
(3) 철자법이 일부 무시된다.
(4) 다분히 구어체적이다.
(5) 어휘의 사용이 적절치 못한 경우가 일부 있다.

글쓰기에 컴퓨터의 키보드를 주로 이용하게 되는 컴퓨터 매개 커뮤니케이션의 기계적 특성상 가상공간의 커뮤니케이션은 키보드를 능숙하게 다루는 기술과 밀접한 관계가 있다. 또한 타이핑 속도가 커뮤니케이션의 흐름에 영향을 미치기 때문에 자연스럽게 구어체를 많이 사용하게 되고 따라서 약어나 은어가 발달하게 되는 계기가 됐다. 게시글의 경우 글을 올리기 전 다시 한번 확인해 볼 기회가 있겠지만 의사소통에 크게 지장을 주지 않는 한 그대로 올리게 되고 컴퓨터 매개 커뮤니케이션 이용자 간에는 이들 내용이 널리 이해되고 통용되는 것이다. 사실 우리가 구두로 대화를 하는 경우에도 이보다 더 많은 실수를 하는 것을 감안할 때 크게 놀라운 일은 아닐 것이다. 모국어를 배우거나 외국어를 배우거나 우리는 수많은 말실수와 시행착오를 거듭하면서 배우고 있는 것이다.

컴퓨터 매개 커뮤니케이션으로 인한 이러한 언어변화는 마침내 약어들이 옥스퍼드 사전에까지 실리게 되었으며, 한국에서는 아직도 찬반논쟁이 뜨거운 실정이다. 영국의 경우 한 시간에 100만 통 정도의 휴대전화 문자메시지가 오가며 약어가 통용되자 이를 더 이상 무시할 수 없는 상황이 되어 이메일, 채팅, 휴대전화 문자메시지 등에서 사용하는 약어를 옥스퍼드 영어사전에 싣기 시작했다는 것이다.[2] 콘사이스 옥스퍼드 사전은 2001년 개정판에서 RUOK(Are you OK?),

CUL8R(See you later) 등과 같은 약어들을 부록으로 등재했다. 영어 단어의 역사적 변천을 마지막으로 공인하는 것으로 간주되는 옥스퍼드 사전이 이들 약어들을 싣게 된 것은 컴퓨터 매개 커뮤니케이션의 발달로 인한 세태변화를 무시하기 어려웠던 것으로 분석할 수 있을 것이다. 두드러지는 것은 철자를 극도로 경제적으로 줄인 약어들이 옥스퍼드 사전에 많이 올랐는데 예를 들어 HAND(Have a nice day!), WAN2TLK(Want to talk?), No1(No one), B4(before), TX(thanks), C(see), BTW(by the way), WKND(weekend), WU(what's up?) 등을 들 수 있다.

한국어의 경우에도 이와 같은 예들이 컴퓨터 매개 커뮤니케이션에서 많이 사용되고 있다. 다음 글은 웹진인 "딴지일보"가 '수해복구 자원활동 하는 방법'을 제목으로 다룬 기사를 그대로 인용한 것이다.[3]

> 이번 수해로 전국 곳곳에서 엄청난 피해를 입었습다.
>
> 본지는 피해를 입은 분들께 깊은 위로의 말씀드림다.
>
> 수해를 입지 않으신 독자 열분들께서 "아따 나도 이참에 영양가 있는 짓 한 번 해야쓰것다…"라고 생각하시기는 하나, 도대체 그 요령을 모르겠다고 하실 분들 계실줄로 암다.
>
> 해서 본지가 긴급히 정보를 올려드림다.
>
> 이번 수해복구 자원활동에 나서고 싶은 독자께서는, 국번 없이 1365번을 누르시면 됨다.
>
> 이 번호를 누르시면, 한국자원봉사센터협회(www.kavc.or.kr)의 산하에 있는 지역센터들로 연결돼 자원활동 문의 및 신청이 가능하다

2) 조선일보 2001년 7월 21일자 1면 "RUOK・CUL8R 등 컴퓨터에 쓰는 축약어 옥스퍼드사전에 실려"

3) 딴지일보 2006년 7월 19일자 http://www.ddanzi.com/articles/article_view.asp?installment_id=113&article_id=2382

고 함다.

단, 연락수단이 핸드폰인 경우, 계신 지역의 지역번호를 누질르십쇼. 그러면 그 지역번호에 해당되는 지역의 센터로 연결이 됨다.

예컨대, 지역번호 02를 누르시고 1365를 누르시면 서울 센터로, 지역번호 033을 누르시고 1365를 누르시면 강원도 센터로 연결이 된다는 얘김다.

요약하면, **유선전화는 국번없이** 1365, **핸펀은 지역번호**+1365

이렇게 누질르시면 됨다.

이밖에, 전국재해구호협회(www.relief.co.kr)라고, 재해 구호와 복구지원을 취지로 1961년 전국의 언론사 사장들이 주축이 돼 만들어진 민간단체가 있는데, 이곳의 연락처는 아래와 같슴다.

02-3272-0123(**구호팀**)

이 번호로 연락해 문의하시면, 구호활동에 투입되실 수 있다고 함다. 아무쪼록 금번 수해로 피해를 입으신 여러분들께 다시 한 번 위로의 말씀 드리며, 독자열분들의 개떼같은 참여 기대하겠슴다. 졸라!

-딴지 재해 대책반

위 내용에서 보는 바와 같이 말 줄이기, 이어 쓰기, 소리나는 대로 적기, 거침없는 은어 사용 등 인터넷 시대 글쓰기의 전형을 볼 수 있다. 그리고 이제는 이러한 글쓰기가 더 이상 낯설게 느껴지지 않는다는 것이다.

사실상 채팅에서 비롯됐다고 할 수 있는 설(서울), 걍(그냥), 넘(너무), 추카(축하), 방가(반가워요), 당근(당연하다)과 같은 약어들은 이미 보편적으로 사용하는 언어가 되었고 이에 따라 대부분의 인터넷 이용자들이 이를 자연스럽게 받아들이고 사용하는 있다는 것이다.

또한 컴퓨터 매개 커뮤니케이션에서는 각종 기호를 이용하여 비언어적 단서를 표현하는 수단이 발달하게 되었다. 웃는 얼굴은 :-) 비

꼬는 웃음은 :-> 대 쇼크는 8-O 몹시 피곤한 상태는 X-(몹시 화난 표정은 >:-< 윙크는 ;-) 안경을 쓰고 있는 모습은 8-) 등으로 표현하는 것이 그것이다.

이와 함께 외래어와 약어를 섞어 쓰는 현상도 생기게 되었다. 겜(게임), 멜(메일), 컴맹(컴퓨터 맹인), 컴도사(컴퓨터 도사), 포켓몬(포켓 몬스터), 디지몬(디지털 몬스터) 등으로 줄여서 사용하는 것이 그 대표적인 예라 하겠다.

이밖에도 채팅을 할 때에는 의성어도 자주 쓰인다. 예를 들어 AAACK! / AAUGH! / ARGHH!(화가 나거나 놀랐을 때 내는 소리), BOO-HOO(울 때 내는 소리), HA-HA!(웃음소리), HE-HE / HEEE-HEEE(웃음을 억지로 참을 때의 의성어), TA-DA! / TA-DAH!(무언가를 소개하거나 발표할 때의 소리), YIKES!(공포나 놀랐을 때의 비명) 등이 그것이다.

컴퓨터 매개 커뮤니케이션의 영향이 아니더라도 언어는 변화하기 마련이다. 고대영어, 중세영어, 현대영어에서 보여 주는 차이점들이 이를 여실히 대변해 준다. 언어는 사회 변화에 민감하며, 사회의 구조 및 가치체계와 밀접한 관계가 있다. 모국어 습득은 물론 외국어 학습에 있어서 언어와 문화의 관계를 중요시하는 것도 바로 이 때문이다. 시대가 변하고 사회가 변함에 따라 사람들의 가치관도 변화하게 마련이고 이에 따라 언어도 변화하게 되는 것이다. 언어는 그 속성상 사회를 반영하기 마련이며, 따라서 새로운 미디어의 출현은 항상 언어에도 영향을 끼쳐 왔다.

봉화에서 인터넷에 이르기까지 인간은 보다 나은 커뮤니케이션을 위한 수단을 끊임없이 개발해 왔다. Ruben은 이러한 여러 가지 매개 커뮤니케이션이 기본적으로 인간의 커뮤니케이션 능력을 확장시켜 준다고 주장한다. 박기순은 컴퓨터 매개 커뮤니케이션이 새로운 형태의 커뮤니케이션이고 이것이 점점 확산 중에 있기 때문에 인간의 일상생활에 영향을 미치고 있다는 사실을 지적한다. 원활한 커뮤니케이션을 위해 컴퓨터를 매개로 하는 정보화 사회에서 가상공간의 언어변화는 보다 빠르게 이루어질 가능성이 높으며, 실제 공간에서의 언어변화에도 영향을 줄 수 있을 것이다. 중요한 것은 이런 언어의 사용과 확산을 막을 방법이 없을뿐더러 인위적으로 막고자 한다면 또 다른 부작용을 낳을 수 있다는 것이다. 언어변화와 관련하여 우리가 할 수 있는 최상의 방법은 언어 규칙의 옳고 그르고에 대한 시시비비보다는 각 개인의 기본적 소양을 함양시키면서 네티켓을 준수할 수 있도록 유도하는 것이 오히려 바람직할 것이다.

III. 컴퓨터 매개 커뮤니케이션의 특징

Herrings는 컴퓨터 매개 커뮤니케이션을 컴퓨터를 도구로 하여 사람과 사람 사이에서 발생하는 커뮤니케이션으로 정의하고 있다. 협의의 의미에서의 컴퓨터 매개 커뮤니케이션은 개인 간의 정보 교환이라고 할 수 있지만 광의의 의미에서의 컴퓨터 매개 커뮤니케이션은 이러한 단순한 정보 교환의 차원을 너머 방대한 전자 데이터 베이스에서의 정보 인출이나 웹사이트 구성과 같은 다양한 방식의 정보 조작 등을 포함하는 커뮤니케이션 행위를 통틀어 지칭한다고 할 수 있다. 즉, 컴퓨터 매개 커뮤니케이션은 가상공간을 통해 이루어지는 인간 커뮤니케이션으로 컴퓨터를 이용하여 사람과 사람 사이에서 여러 가지 형태로 발생하는 각종 커뮤니케이션을 말한다고 할 수 있다.

과거에는 주로 텍스트에만 의존하던 컴퓨터 매개 커뮤니케이션은 이제는 인터넷의 발달로 음성은 물론 화상까지 포함하여 행해지고 있다. 김성연도 문자와 음성 커뮤니케이션을 같이 할 수 있으며, 음성채팅도 일대일뿐 아니라 일대다, 다대다가 지원되는 커뮤니케이션 방식인 Onlive Traveller의 특징을 예를 들며, 특히 언어교육현장에서 이를 활용하여 성공적인 입체 가상학습 공간을 구축하기 위해 이의 효과에 대한 실험 연구와 컴퓨터 매개 커뮤니케이션 수업의 효과적인 운영을 위한 전략 등에 대한 연구가 지속적으로 이루어질 것을 주장한다. 이처럼 컴퓨터 매개 커뮤니케이션의 중요한 특성 중의 하나는 바로 일대다 커뮤니케이션이 가능하다는 점이다. 즉, 전달하고자 하는 일정한 정보를 특정 또는 불특정 다수를 대상으로 효과적으로 전달할 수 있다는 것이다. 또한 가상공간에 한번 올라온 정보는 영원히 지워지지 않고 존재할 수도 있다는 사실은 가히 가공할 만하다 하겠다. 이러한 컴퓨터 매개 커뮤니케이션의 특징을 간략히 살펴보면 다음과 같다.

1. 시공의 초월

가상공간은 시간적 · 공간적 제약이 거의 없다. 따라서 일대일에서 일대다, 다대다 등의 다양한 메시지 전달 방식으로 커뮤니케이션이 가능하다. 지속적이고도 상호 작용적인 특성 때문에 아주 짧은 단 기간에서 아주 긴 장기간에 이르기까지 얼마든지 지속될 수 있는 시간적 공간을 구축할 수 있다. 이런 경우를 특히 비동시적 상호작용이라고 일컫는다.

2. 비언어적 단서의 결여

최근 들어 화상 회의 등과 같이 비언어적 요인이 전달 가능한 경우가 발생하였지만 지금까지는 대부분의 컴퓨터 매개 커뮤니케이션이 텍스트 형태로 이루어져 왔던 것은 사실이다.

이와 같은 텍스트 위주의 커뮤니케이션의 경우에는 면대면 커뮤니케이션에서 주로 사용되는 상대방의 표정, 눈빛, 고개의 움직임, 미소, 음성의 질 또는 몸짓에 이르는 비언어적 단서가 없으므로 원활한 커뮤니케이션에 어려움이 있을 수 있다. 이런 결점을 보완하기 위해 가상공간 이용자들은 비언어적 단서를 표현할 수 있는 수단을 만들어 쓰고 있는 것이다. 예를 들면 쓴웃음을 “:->”과 같이 표현하는 것이 바로 그것이다.

이처럼 메시지 중심적으로 커뮤니케이션이 진행되기 때문에 가상공간에서는 사회 맥락적이거나 비언어적 단서가 부족하여 주로 PC 모니터에 나타나는 메시지 자체에 주의를 기울이고 그것에 의미를 부여하게 된다. 따라서 의사소통이 나타나는 메시지의 내용에 의해 결정될 뿐만 아니라 그 메시지를 통해 서로가 공유하는 상징적 수준에서 의사소통이 이루어지게 된다.

3. 익명성

가상공간에서는 자신의 정체를 숨길 수 있는 ID나 별명을 사용하므로 신분을 노출하지 않아도 된다. 심지어 자신의 성별, 나이 등을 임의대로 바꾸어 자신이 원하는 특정한 유형의 사람처럼 행동하는 것도 가능하다. 컴퓨터 매개 커뮤니케이션의 익명성은 긍정적인 면과 부정적인 면을 동시에 지니고 있다. 가상공간의 인간관계에 있어서 익명성은 평등한 분위기를 조성하고 자유스러운 대화를 촉진시킨다는 점에서는 긍정적이라고 할 수 있다. 가상공간에서 개인으로 하여금 여러 가지 대안적 자아나 정체를 창조하고 시험함으로써 자신의 가능성과 새로운 면모를 발견하도록 돕는 것도 긍정적인 측면이다. 또한 가상공간의 익명성은 학습에 대한 부담을 줄여 학습자가 실수에 크게 구애받지 않고 학습활동에 참여할 수 있다는 장점이 있다. 반면 개인의 정체를 은폐하도록 함으로써 개인이 탈 억압적 혹은 탈 규제적 행동을 하도록 야기시키는 것은 부정적인 측면이라고 할 수 있다.

4. 다중 정체성

가상공간의 MUD[4]에서는 여러 가지 자아를 만들어 내는 것도 가능하기 때문에 다중 정체성까지 지닐 수 있다. 가상공간 속의 사회적 관계와 개인의 역할 설정은 개인이 스스로 규정하고 표현한 자아 혹은 정체성에 달려있으며, 이러한 자아나 정체는 실제 공간에서와 같은 단일적 자아나 정체가 아니라 MUD 게임에서처럼 개인이 마음대로 만들고, 고치고, 변화시키고, 해체할 수 있는 다중적 자아 혹은 정체이다. 그러나 이러한 자아나 정체는 실체가 아니고 개인이 가상공간 속에서 자신의 다양한 특성을 만들어 표현하는 것을 사람들이 공통적으로 받아들이는 상징적 의미를 가질 뿐이다. 이러한 가상공간의 다중 정체성은 가상공간의 인간관계가 즉각적이고 직접적으로 형성될 수 있다는 것을 의미한다.

5. 탈억제

가상공간의 익명성은 실제 생활에서 억압당했던 자신의 행동을 해방시키고자하는 심리에서 탈억제의 경향을 가져오는 경우가 많다. 즉, 자신의 의견이나 감정을 필요 이상으로 과장되거나 터무니없이 표현하게 되어 심한 경우에는 욕설이나 비난이 포함된 언어폭력이 난무하게 되는 것이다. 사이버 섹스에 탐닉하게 되는 것도 바로 이러한 탈억제 효과 때문인 것으로 보여 진다. 평소에 억압되고 표출되지 못한 감정이 익명성과 가상공간이라는 미명 하에 지나치게 과도한 형태로

---

4) Multi-User Dimension의 약자로 여러 사람이 동시에 사용할 수 있는 공간을 의미함.

서 표현되어질 수 있는 것이다.

그러나 최근 많은 사이트들이 실명 가입 원칙으로 전환하고 있고 IP주소(Internet Protocol Address)의 추적이 용이하게 됨에 따라 전혀 억압이 없는 혼돈과 같은 탈억제 현상이 빚어지지 않을까 하는 우려는 하지 않아도 될 것 같다.

6. 평등성

일부 회원 전용 사이트를 제외하고는 가상공간에서의 만남은 개인의 성별, 연령, 사회적 지위, 신체적 특징 등의 단서가 직접적으로 제공되지 않기 때문에 누구나 평등한 관계에서 새로운 커뮤니케이션의 장이 마련된다고 할 수 있겠다.

가상공간에서는 각 개인의 사회적 지위, 권력, 권위, 성, 연령, 직업, 빈부 등을 나타내는 사회적 맥락이 제공되지 않기 때문에 개인간에 평등하고 수평적인 관계가 존재한다. 또한 얼굴 표정, 몸짓, 제스처, 음성, 눈빛, 신체적 특성 등과 같은 비언어적 단서도 제공되지 않기 때문에 이와 같은 단서로 인한 불이익, 차별대우, 편견 등에서 벗어나 평등할 수 있다. 비언어적 단서로 인한 차별이나 편견의 예는 신체적으로 매력적인 사람과 그렇지 못한 사람, 신체적으로 정상적인 사람과 지체 장애자 사이에서 얼마든지 발견할 수 있다. 즉, 온라인 접촉에서는 면대면 접촉에서처럼 비언어적 단서로 인한 개인차를 느낄 필요가 없다는 것이다. 가상공간에서는 또한 모든 구성원들에게 동등한 참여의 기회가 주어진다는 점에서 평등하다고 할 수 있다.

7. 협동성

일반적으로 가상공간에서는 타인에게 더 우호적이거나 협동을 잘

하는 경향이 있다. 사람들이 이러한 모습을 보일 수 있는 것은 가상공간에서는 자신의 의견을 표현하기가 더욱 용이하며, 뭔가 남에게 도움이 되는 일을 할 수 있다는 봉사정신이 은연중에 생기기 때문인 것으로 보여 진다.

8. 다양하고 융통성 있는 인간관계

가상공간의 네트워크를 통한 커뮤니케이션은 그 목적과 필요에 따라 수많은 사람들과 의견교환이 가능할 뿐만 아니라 이러한 인간관계를 얼마든지 쉽게 생성하고 또 그 공동체로부터 탈퇴가 가능하다는 융통성이 있다.

9. 상호작용성

네트워크를 이용하는 컴퓨터 매개 커뮤니케이션은 종전의 텔레비전이나 비디오가 가지고 있는 단점인 일방적인 전달 수단에서 벗어나 대화자간에 상호작용이 원활하게 이루어질 수 있다. 이러한 상호작용에는 일대다, 다대일, 다대다 또는 개별적, 집단적 상호 호환적인 커뮤니케이션 등이 모두 포함될 수 있다.

10. 기록의 영구적 보존

가상공간을 통한 커뮤니케이션은 대화의 내용, 대화 상대, 대화 시간 등의 구체적 기록을 영구적으로 보존할 수 있다. 기록의 영구적 보존은 때로는 본인의 의지와 관계없이 이루어질 수 있음에 유의할 필요가 있다. 이러한 자료는 타인에게 쉽게 전달이 가능하고 자기도 모르게 제삼자에게 얼마든지 보내질 수 있다. 기록의 영구적 보존 측면이 심각히 고려될 수 있다면 가상공간에서 익명성을 빙자한 언어폭력 등은 오히려 많이 줄어들 수 있으리라고 본다.

현대사회를 흔히 정보사회라고 하는 바 정보사회에서는 유통되는 정보와 지식의 양이 폭발적으로 증가하여 이들이 개인 및 사회에 엄청난 영향을 끼치고 있다. 이와 같은 변화의 저변에는 무엇보다도 커뮤니케이션 기술혁명이 놓여 있다. 많은 경우 면대면 커뮤니케이션이 컴퓨터 매개 커뮤니케이션을 통해서 이루어지게 되고 가상공간에서의 정보교환이 활성화됨으로써 커뮤니케이션의 중요성과 이에 대한 관심이 그 어느 때보다 더욱 커지고 있다. 그러나 컴퓨터 매개 커뮤니케이션과 면대면 커뮤니케이션간에는 유사한 효과와 함께 차이점도 많이 존재하기 때문에 컴퓨터 매개 커뮤니케이션을 면대면 커뮤니케이션과 동일한 것으로 보는 우를 범해서는 안 될 것이다. 현대와 같은 첨단사회에서는 양자의 특징을 이해하고 각각의 장점을 충분히 살리는 가운데 의사소통의 본래의 목적 달성을 위해 노력하는 것이 중요하다 하겠다.

Ⅳ. 영어교육과 컴퓨터 매개 커뮤니케이션

정보화의 산물이라고 할 수 있는 인터넷으로 대표되는 컴퓨터 매개 커뮤니케이션은 최근 보편적으로 널리 확산됨에 따라 언어교육에 가장 큰 영향력을 끼친 컴퓨터 활용 분야이다. 언어학습자는 직접적으로, 적은 비용으로, 아주 간편하게 학교나 직장 또는 집에서 하루 24시간 내내 목표어 화자 또는 다른 학습자와 실제적이고 유의미한 의사소통을 할 수 있다. 이러한 의사소통은 이메일과 같은 방법을 통해 비동시적으로 이루어질 수도 있고 문자채팅이나 음성채팅 등의 방법을 통해 동시적으로, 실시간으로 이루어질 수도 있다. 또한 인터넷 등과 같은 컴퓨터 매개 커뮤니케이션은 일대일 의사소통, 일대다 의사소통뿐만 아니라 학생과 교사가 소집단을 구성하거나 전체 학급 또는 파트너 학급, 아니면 전 세계의 수많은 사람들과의 국제적인 토론의 장에서 메시지를 서로 공유할 수도 있다.

무엇보다도 웹상의 언어의 대부분이 영어라고 하는 점은 대단히 중요한 의미를 지닌다. Warschauer는 21세기의 중심적 상반이 전 지구적 네트워크와 지역적 정체성이라면 영어가 이 문제를 해결하는 도구가 될 수 있다고 주장한다. 그는 영어는 전 세계의 사람들을 하나로 묶어주며 이러한 관계를 형성하고 의미를 부여하는 수단을 제공하는 것으로 보고 있으며, 학습자들이 영어를 통해 세계를 접할 수 있다면 교사들은 영어를 통해 학습자들의 목소리를 세계에 전파할 수 있을 것으로 내다보고 있다. 황적륜도 오늘날의 영어는 그 발원지의 문화와 떼어낼 수 없는 하나의 언어가 아니라 여러 문화에 적응하고 동화될 수 있는 유연한 의사소통의 수단이 된다고 보고 있다. 여기에서 유의해야 할 것은 정보 기술이 언어 본래의 목적보다 우선시 되는 경향은 배제되어야 한다는 점이다. Collins는 영어교육에서 영어가 정보 기술의 종이 되어서는 안 되며 영어교육에 정보 기술을 활용하더라도 어디까지나 영어가 주도적인 위치가 되어야 함을 강조한다.

컴퓨터 매개 커뮤니케이션을 강력하게 뒷받침하고 있는 웹 기반 기술은 이제 그래픽, 사운드, 비디오 등의 형태로 메시지를 전달할 수 있으며 학생들은 자신의 관심 분야에 따라 신문이나 잡지, 기사, 라디오 방송, 짧은 비디오, 영화 평론, 책 소개 등의 수많은 실제적인 자료를 단 몇 분 안에 검색하여 공유할 수 있다. 또한 학생들은 자신의 글이나 멀티미디어 자료를 다른 사람과 공유하기 위하여 홈페이지를 이용하여 웹에 올릴 수도 있다.

웹 기반 기술의 이러한 특성은 지금까지 불가능했던 실제적이고 유의미한 교수–학습의 설계, 개발, 그리고 웹을 통한 가상교육 등을 가능케 한다. 교사는 학교라는 시공간을 벗어나 온라인 수업을 할 수 있다. 학습자는 자신의 흥미와 요구에 따라 인터넷에 널려있는 수많은 정보를 탐색, 수집, 가공, 창조하면서 자신에게 의미 있는 학습을 해 나갈 수 있다. 이러한 교수–학습 환경에서는 학습자는 더 이상 수동적인 정보의 수혜자가 아닌 능동적인 정보의 창출자가 된다. 특히, EFL(English as a foreign language) 상황의 학습자에게는 인터넷에 올려진 정보의 90% 이상이 영어로 되어 있다는 점과 웹상에서 다양한 언어 학습 활동을 할 수 있는 무수히 많은 사이트들이 존재한다는 사실 자체가 학습자의 흥미와 동기를 유발하고 의사소통능력을 높이는데 중요한 기여를 할 수 있다.

Kamhi-Stein은 웹 기반 게시판 토론이 영어교육에 정보 기술을 활용할 수 있도록 함으로써 학습자들이 협력을 통한 지식 증대를 할 수 있도록 고무시켜주었다는 연구 결과를 내 놓았다. 그의 연구에서 학습자들은 동료들의 의견을 듣는 수단으로써 웹 기반 게시판 토론을 긍정적인 것으로 보고 있는 것으로 나타났으며, 따라서 그는 웹 기반 기술을 교사들의 교수요목에 포함시킬 것을 권고하고 있다.

최성희 · 전영국 · 정혜선은 웹기반 가상 학습의 특성으로 다음 네 가지를 들고 있다.

(1) 면대면이 아니라 가상의 시공간에서 이루어진다.
(2) 정보통신매체를 통하여 이루어진다.
(3) 학습자의 자기 주도적 학습능력이 요구된다.
(4) 학습자의 동기가 학습 성공에 절대적인 영향을 준다.

가상의 학습 환경에서 성공적인 학습이 이루어지기 위해서는 학습자의 동기가 절대적으로 중요한 요인이 된다. 특히 온라인을 이용한 학습에서는 상호작용 등의 커뮤니케이션을 할 수 있는 환경을 제공하여야 함으로 통신망 학습을 설계하고 구축한 후, 그 사용을 촉진시키기 위하여 학습자 동기가 우선적으로 고려되어야 함을 많은 연구자들은 지적하고 있다. 사용자는 컴퓨터 통신을 이용해서 커뮤니케이션을 하고, 정보를 교환하고, 새로운 정보를 얻는 것에 강한 호기심과 흥미가 있어야 한다는 것이다. 마찬가지로 웹 기반 학습에서도 사용자가 컴퓨터를 기반으로 하는 형태의 학습에 긍정적인 태도 형성을 하도록 도와주어야 한다. 기존의 원격교육에서 학습자의 수료율에 영향을 준 요인으로 학습자의 동기가 첫 번째 요인이었다는 연구 결과는 가상학습의 프로그램 설계에 시사점을 제공한다.

미디어의 발달은 컴퓨터 매개 커뮤니케이션의 활성화에 도움을 준다. 김익현은 웹 2.0 시대의 뉴스 모델로 UCC, 태그와 RSS, 1인 미디어의 3가지를 들고 있다. UCC는 User Created Contents의 약자로 사용자 생산 콘텐츠를 가리킨다. 김익현은 옥스퍼드 영어사전의 원천이 된 것이 바로 UCC였다고 지적하고 옥스퍼드 영어사전이 첫 판이 나온지 80여년이 지난 지금까지도 최고의 영어사전으로 각광받는 배경은 바로 UCC를 기반으로 한 알기 쉬우면서도 풍부한 의미 설명이 위력을 발휘하기 때문이라고 주장한다. 이러한 UCC는 이제 인터넷 이용자들이 콘텐츠 생산에 참여토록 유도하는 역할을 하고 있는 것이다. 또 태그(tag)와 RSS(Really Simple Syndicate)는 링크(link)와 함께 웹 사이트들을 참여, 개방, 공유라는 웹 2.0의 기본 정신을 충실히 살리는 역할을 하고 있으며, 1인 미디어는 방문자 수의 합인 꼬리의 힘(The power of the tail)에 힘입어 미디어 지형도를 바꾸어 놓고 있다고 한다. 이러한 현상은 교육용 웹 사이트에도 예외없이 적용되고 있는 실정이며, 대표적인 컴퓨터 매개 커뮤니케이션의 형태라고 할 수 있다.

의사소통에 정보기술을 활용하는 컴퓨터 매개 커뮤니케이션의 즉

각성과 편이성은 언어교육에 많은 도움이 될 것으로 보고 있다. 특히 의사소통적 언어교수(CLT: Communicative Language Teaching)에서는 학생들은 궁극적으로 예습을 하지 않은 상황에서 의사소통 목적을 위해 언어를 이해하고 표현할 수 있어야 하는 바 의사소통을 강조하는 교수-학습 상황에서는 학습자들이 자발적으로 의사소통활동에 참여해야 하며, 학습의 궁극적인 성패는 그들 스스로의 적극적인 참여에 달려 있다. 즉, CLT에서는 우리가 전통적으로 실시해 온 문법규칙의 명확한 제시와 논의에는 별로 관심을 두지 않고, 우리가 언어의 유창성을 높이려고 할 때 실제적인 언어를 많이 사용할 것을 권장하고 있다. 컴퓨터 매개 커뮤니케이션은 이러한 유창성에 목표를 둔 의사소통활동을 배가시킴으로써 언어사용 빈도를 높이고 컴퓨터 매개 커뮤니케이션을 통해 의도된 의미의 전달력과 이해도를 높일 수 있을 것이다.

컴퓨터 매개 커뮤니케이션을 활용한 영어교육에서는 듣기, 말하기, 읽기, 쓰기 등 영어의 네 가지 기능을 통합적으로 학습할 수 있는 환경을 조성하는 것이 중요하며, 이를 위한 컨텐츠 개발 및 현장 적용 연구가 지속적으로 이루어져야 할 것이다. 이는 곧 의사소통적 영어 교수-학습 방법과도 깊은 연관을 맺고 있어 궁극적으로는 학습자들의 유의미한 의사소통적 학습 활동을 가능하게 할 것이다. 김성연은 컴퓨터 매개 커뮤니케이션 프로그램을 활용하여 의사소통능력을 신장시킬 수 있는 방안을 모색하기 위해 컴퓨터 매개 커뮤니케이션 프로그램의 교육적 효과에 관한 이론적 배경을 검토하였고 컴퓨터 매개 커뮤니케이션 프로그램들의 현장 적용 사례를 소개하였다. 이를 바탕으로 음성언어 컴퓨터 매개 커뮤니케이션 프로그램인 Online Traveller를 활용한 영어 수업 모형을 제시하고 이를 이용해 3차원의 입체적 가상학습공간을 실제 수업에 사용한 사례를 보고하였다. 김성연은 Online Traveller의 장점으로 기존의 컴퓨터 매개 커뮤니케이션 프로그램들이 문자언어 중심이었던데 반해 음성언어로 통신하는 것을 가능하게 하기 때문에 진정한 의미의 의사소통능력을 향상시키는데 기여할 수 있다고 주장한다. 뿐만 아니라 3차원의 입체적 가상학습공간은 학습자들이 다른 학습자들과 협동 학습을 하면서 학습 경험에 대한 공감대와 유대감을 형성하도록 도와줄 수 있으며, 학습자는 협동학습의 기회를 통해 사회성을 기를 수 있고 소집단 토론이나 문제해결 과제의 수행을 통해 창의적 사고력, 비판적 사고력 같은 고등사고 능력을 계발할 수 있다. 그밖에도 3차원 그래픽, 소리, 입체적 가상공간의 참신성 등은 학습자의 흥미와 동기를 유발할 수 있다는 장점이 있고 온라인 역할극 활동은 학습자의 자기 주도적 학습 능력 및 학습과정에 대한 주인의식을 고양시킬 수 있다고 주장한다.

김성연은 인터넷상의 컴퓨터 매개 커뮤니케이션 프로그램인 Onlive Traveller의 특징을 다음과 같이 요약하고 이를 언어교육에 활용할 것을 제안한다.

(1) Onlive Traveller는 인터넷폰 같은 개인 대 개인의 의사소통 방식을 탈피하여 다수의 사람들과 실시간 의사소통을 할 수 있게 하는 다수의 학습자용 오디오(Multi-User Audio) 기능을 갖고 있다.

(2) 문자 커뮤니케이션뿐만 아니라 음성 커뮤니케이션(Live Voice Communication)을 가능하게 하기 때문에 학습자가 동시에 많은 사람들과 음성언어로 의사소통할 수 있다.

(3) Onlive Traveller를 이용하여 학습자 요구 및 학습내용에 맞는 학습공간을 구성할 수 있다.

(4) Onlive Traveller를 이용해 만든 가상학습공간은 학습자에게 현실과 가까운 상황을 구현, 제시함으로써 학습내용에 대한 실제성을 높일 수 있다.

(5) 학습자들은 자신이 원하는 온라인의 가상인물을 설정하여 다른 학습자들과 상호 작용함으로써 공동체 의식을 갖게 되고 학습 과정에 대해 주인의식을 기를 수 있다.

김성연은 이 같은 다양한 장점을 갖고 있는 Onlive Traveller의 활용 방안은 영어를 문자 언어 중심으로 배우는 교수법이나 어학실에 국한된 음성 언어 교수법에서 탈피하여 오감으로 느끼며 입체적으로 배우는 혁신적인 교수·학습 방법을 제안하고 있으며, 한국같이 실제적인 자료를 접하고 사용하기에 제약이 많은 외국어 학습 환경의 한계점을 극복하고 참된 의사소통능력을 신장시킬 수 있기 때문에 기대되는 효과가 클 것으로 진단한다. 또 가상 현실은 게임이나 오락의 경계를 넘어 교육의 영역에서도 응용되어야 하며 특히 영어교육 분야에서 일상생활과 가장 근접한 실제 환경을 구현할 수 있다는 점에서 더욱 각광 받을 것으로 기대하고 있다.

또한 컴퓨터 매개 커뮤니케이션과 같이 가상공간에서 형성되는 교수-학습자 또는 학습자간 유대감 및 협동 정신은 학습활동에 영향을 미치는 것으로 보고되어 있는 정의적 측면인 정서적 여과 장치(affective filter)[5]가 낮아지는 효과가 있는 것으로 설명되어질 수 있을 것으로 본다. 컴퓨터 매개 커뮤니케이션을 통한 언어교육은 이처럼 정서적 여과 장치가 낮아지는 효과가 나타남으로써 CLT에서 말하는 의사소통적 언어 교수 및 학습이 보다 자연스럽게 이루어질 수 있는 환경을 제공하게 되는 것이다.

---

5) 학습에 영향을 미칠 수 있는 정서적 요인. 정서적 장벽이라고도 한다. affective filter가 낮을 수록 학습자는 학습에 대한 강한 동기, 태도, 욕구 등을 가지고 학습에 임하게 된다. Krashen의 5가지 가설중의 하나이다. Krashen은 SLA(Second Language Acquisition)이론에서 The acquisition-learning hypothesis, The monitor hypothesis, The natural order hypothesis, The input hypothesis, The affective filter hypothesis 등 5가지 가설을 주장했다.

컴퓨터 매개 커뮤니케이션의 효율성을 높이기 위한 웹 기반 컨텐츠의 개발은 지식 기반 산업사회의 도래와 함께 다양한 학습 수용자 중심의 교수-학습 기반의 구현을 위해 그 필요성이 점점 더 커지고 있다. 김정렬은 변화하는 교수-학습 기반 시설에 성공적으로 대처하기 위해서는 각 교과를 중심으로 하여 교과교육 전문가, 멀티미디어 교재 설계자 및 교육 공학 전문가, 그리고 현장 교사 등으로 구성된 협의체를 중심으로 웹 기반 컨텐츠를 개발하고 이를 기반 시설 인프라를 통해서 공유하고 현장 교수-학습에 반영할 수 있도록 모든 교육 주체들이 함께 협동적인 노력을 해야 할 것이라고 주장한다.

김인석도 이러한 의사소통과 협동을 중요한 것으로 보고 있다. 그는 언어학습에 있어서 한 개인이 이 모든 기능들에 완전히 정통하게 되는 경우는 거의 없다고 보고 CALL(Computer Assisted Language Learning) 프로그램의 개발이 목표한 분야에 자질이 있는 응용언어학자들과 교육학적 능력을 가진 교육학자들과 프로그램을 저작하는 방법을 알고 있는 컴퓨터 전문가들 사이의 노력으로 성장해야 한다고 하며, 이 문제를 해결하기 위해 다양한 시도를 해보았지만 협동심과 의사소통의 결여로 결실을 이루는데 너무 많이 실패를 했기 때문에 최선의 프로그램들은 서로 의사소통을 할 줄 아는 각 분야의 대표적인 연구팀에 의해 만들어질 수 있다는 것이 분명해졌으며, 각 분야는 다른 분야의 사람에게 무엇이 중요하고 무엇이 문제인지 이해해야 한다고 주장한다.

컴퓨터 매개 커뮤니케이션의 발달은 필연적으로 원격교육의 확산을 가져오게 될 것이며, 원격교육의 성격상 무엇보다도 언어교육에의 활용이 많은 비중을 차지하게 될 것이다. Murray는 컴퓨터 매개 커뮤니케이션을 기능적 측면에서 볼 것이 아니라 컴퓨터 매개 커뮤니케이션 사용자들이 그들의 언어 공동체의 필요성을 충족시키기 위해 새로운 의사소통의 수단으로 사용하고 있는 측면에서 이해하여야 한다고 주장한다. 컴퓨터 매개 커뮤니케이션의 응용분야인 원격 학습은 이미 시작되었으며 특히 영어교육에서 중요한 역할을 하게 될 것으로 보고 있다. 한국의 예를 보더라도 인터넷 영어학습 사이트는 벌써 많이 개설되어 운영이 되고 있으며, 원격교육의 일환인 사이버 대학의 경우 시행 3년째가 되는 2003년도 사이버 대학 정원이 시행년도 6,220명에서 20,350명으로 3배 넘게 대폭 늘어났다. 인터넷이 강의실로 쓰이는 가상대학인 사이버대학은 일반 2년제 전문대학이나 4년제 대학과 동일한 교과과정을 거치고 학위를 받을 수 있으며, 방송통신대처럼 자택이나 사무실에서 수업을 들을 수 있도록 돼 있어 특히 직장인들에게 인기가 높지만 앞으로는 보편적인 교육방법으로 확산될 가능성이 크다. 한국방송통신대학교에서는 국내 최초 인터넷 사이버 국립 특수대학원인 한국방송통신대학교 평생대학원[6]을 2001년 9월 1일 개원했으며, 학부생들을 위한 인터넷을 통한 방송강의 학습의 기회도 점점 늘어나고 있어 본격적인 원격교육의 시대로 접어들고 있는 면모를 보이고 있다.

컴퓨터 매개 커뮤니케이션과 같은 정보기술을 활용한 의사소통이 없이는 원격학습에서 기대하는 만큼의 효과를 얻기는 어려울 것이라 하여도 과언이 아닐 것이다. 차갑부는 정보화의 교육적 영향으로 뉴미디어가 교육계에 중요한 영향을 미칠 것으로 전망한다. 화상응답시스템(VRS)[7]으로 기능적인 연습이 필요한 학습이나 과학실험의 교육 효과를 크게 향상시킬 것이며, 컴퓨터보조학습(CAI: Computer Assisted Instruction) 시스템으로 반복 훈련이 필요한 학습능률을 올릴 수 있게 된다. 종래의 시청각교육은 교실에서 영화를 상영하거나 교육방송을 보고 듣는 것이었으나, 뉴미디어 시대에는 교재용 영화를 저장하

6) 홈페이지 주소는 grad.knou.ac.kr임.
7) Video Response System의 약자로 비디오텍스와 유선텔레비전의 기능을 조합한 것으로 회화형 쌍방 형성의 화상정보시스템.

고 있는 시청각교육센터를 불러내어 교실이나 가정에서도 비디오를 보면서 학습할 수 있다. 이에 따라 가치관의 변화, 학습요구의 다양화, 학습형태의 변화, 교육내용의 변화, 교육방법의 변화 등이 이루어질 것으로 보고 있다.

특히 교육방법에 있어서는 첫째로, 종래의 획일적 교육방법에서 탄력적 교육방법으로 바뀌게 될 것이다. 구체적으로는 ① 교수조직의 탄력화, ② 학습조직의 탄력화, ③ 교육시간의 탄력화, ④ 교육공간의 탄력화, ⑤ 사용 미디어의 탄력화, ⑥ 협의의 교육방법의 탄력화(개별화)가 요구된다. 둘째로, 교수형에서 학습형으로 바뀌게 된다. 탐구형 교육내용에 수반하여 교육방법면에서는 아동의 학습을 중심으로 한 지도법이 중심이 될 필요가 있다. 즉, 평생학습과 관련하여 말하면, 스스로 배우려는 의욕과 능력의 개발에 중점을 둘 필요가 있다. 셋째로, 일정한 장소에 학습자가 '모여서 행하는 교육'에서 '흩어져서 행하는 교육'으로 바뀌게 될 것이다. 오늘날 많은 나라에서는 재택학습이 성행하고 있다. 이것은 지금까지와 같이 교육이 일정한 장소에서 이루어진다는 통념을 파기한 것으로 볼 수 있다. 뉴미디어의 발달에 따른 이러한 교육변화는 교육 및 교육자에 대한 개념의 변화를 예고하는 것으로 볼 수 있다. 차갑부는 각 교육영역간의 연계성을 추구할 것을 강조하고 있다. 그는 각 교육영역간의 상호 연계성을 평생교육의 생명으로 보고 있다. '연계'는 글자 그대로 마디가 없는 상태, 즉 '마디로 인한 단절'의 극복이라고 할 수 있다. 단절된 마디와 마디를 평생교육이라는 도구를 사용하여 연결시키려는 노력을 할 필요가 있으며, 가정 · 학교 · 대학 · 사회 · 기업 등의 생활영역에서 생활하면서 학습하는 생활교육의 차원에서 교육영역간의 연계성이 매우 중요하게 다루어져야 할 것이라 주장한다.

원격교육은 무엇보다도 국제적이라는 매력이 있다. 따라서 영어학습을 하기 위해 학습자들은 국내뿐 아니라 해외 유수의 원격학습 사이트를 자유로이 선택하여 수강할 수 있으며 원격학습의 이러한 국제적 측면은 국제 경쟁력을 높여 학습자의 양적 팽창은 물론 질적으로 우수한 원격학습 사이트를 개발하기 위한 치열한 경쟁이 벌어질 것으로 보인다. 원격학습은 이전에 시간적, 공간적으로 엄격히 구분되어 있던 경계선뿐만 아니라 국경을 초월하는 것이다. 원격학습을 통해 한 나라 안에서뿐만 아니라 국제적으로도 문화적, 정치적, 사회적 경계를 넓히거나 무너뜨릴 수 있다. 따라서 원격학습 프로그램 및 그와 관련된 활동은 전 지구적 강의실, 또는 실험실을 만들어 내고 있는 것이다. 이를 통해 교육자/훈련자와 학습자는 정보를 공유할 수 있으며, 어떤 구체적인 주제나 세상사 전반에 걸쳐 폭넓은 시각을 가질 수 있다. 또한 원격학습은 학자들과 기업 간의 협력을 증진시키는 국제적, 다문화적 교육 센터를 만들어 내고 교육자원과 교수/훈련 기술을 향상시킴으로써 산학협동에도 이바지하게 된다. 결국 컴퓨터 매개 커뮤니케이션을 활용한 원격교육의 활성화는 진정한 의미에서의 평생교육의 시대를 열게 될 것이다.

Ⅴ. 결론

언어는 본질적으로 그 자체가 불완전성을 내포하고 있다. 누구나 익히 알고 있듯이 인간의 언어로는 표현할 수 없는 것들이 너무나 많다. 김진우는 인간언어의 표현력에 일정한 한계가 있을 수밖에 없는 것은 우선 각자가 가지고 있는 단어의 수에 제한이 있기 때문인 것으로 보고 있다. 인간은 하나의 정보체계 안에 꽤 많은 기본 어휘를 가지고 있으면서도 그가 느끼고 생각하는 것을 모두 다 표현할 수 있는 것은 아니다. 컴퓨터 매개 커뮤니케이션과 같은 정보문화의 산물은 인간의 의사소통 수단의 하나로서 쓰이고 있으며, 다른 의사소통 수단과 마찬가지로 장점과 단점을 모두 지니고 있다. 따라서 컴퓨터 매개 커뮤니케이션의 한계를 언어 자체의 한계와 동일시해서는 안 된다. 면대면 커뮤니케이션은 면대면 커뮤니케이션대로, 컴퓨터 매개 커뮤니케이션은 컴퓨터 매개 커뮤니케이션대로 각기 한계와 장점을 가지고 있는 것이다. 컴퓨터 매개 커뮤니케이션의 특징을 이해하고 이를 커뮤니케이션 수단으로 활용하는 것은 의사소통 본래의 목적 달성에도 도움이 될 것이며, 이는 커뮤니케이션을 보다 활성화하여 인류 역사의 새로운 지평을 여는 방법이 될 수 있을 것으로 본다.

컴퓨터 매개 커뮤니케이션을 영어교육에 활용할 때, 문화적 감각, 언어의 미묘한 뉘앙스 그리고 비언어적 의사소통 등에 대해 의문점을 갖는 경우가 많다. 그러나 메시지의 구성이 문법, 상대방에 대한 지식, 상황에 대한 지식이라고 볼 때 현대 사회에서 컴퓨터 매개 커뮤니케이션보다도 더 효과적으로 이러한 것들을 얻을 수 있는 방법이 있는지 자문해 볼 필요가 있다. 또한 비언어적 행동에 대한 접근 방향을 단서(원천적인 행동), 기호화(그 행동과 의미의 관계), 사용(행위자의 그 행동 사용 양상) 등 세 가지 부분으로 나누었을 때 면대면에서는 놓칠 수 있는 부분들이 컴퓨터 매개 커뮤니케이션에서는 적어도 이해의 양상에는 차이가 있다고 하더라도 포착되지 않는 경우는 없다고 하는 점을 간과해서는 안 될 것이다.

이는 Song이 동시적 CMC라 할 수 있는 IRC(the Internet Relay Chat)를 대상으로 실시한 연구 조사에서 가상공간을 통한 의사소통에서도 은유(metaphor), 환유(metonymy), 유추(analogy), 속담/숙어(proverbs /idioms) 등 수사법의 사용이 의사소통자들의 심리적 요구를 전달하고 다양한 상호적 목표를 달성하는데 효과적이면서도 전략적으로 사용될 수 있다는 사실을 보여준 예를 보더라도 충분히 이해될 수 있을 것이다. 즉, 메시지, 정보와 의미, 외연과 내포가 의사소통의 내용이라고 할 때 시공의 초월, 비언어적 단서의 결여, 익명성,

다중정체성, 탈억제, 평등성, 협동성, 다양하고 융통성 있는 인간관계, 상호작용성, 기록의 영구적 보존 등의 특징을 갖고 있는 컴퓨터 매개 커뮤니케이션은 대체로 이 모든 것들을 훌륭하게 전달할 수 있다.

사실 어떠한 커뮤니케이션 수단도 완벽한 것은 없다. Jones는 CMC는 다양한 잠재적 결과를 가지지만 어떤 것은 예견되고, 어떤 것은 그렇지 못하다고 하며, 기술로 또는 기술이 없이 지속적으로 발생하고 발생했던 사회적 변형에 대한 비판적 인식은 우리가 동시대적인 사회적 삶으로 CMC를 통합할 때 최상의 동맹군이 될 것이라고 주장한다. 이는 컴퓨터 매개 커뮤니케이션이 전체를 대변할 수는 없겠지만 컴퓨터 매개 커뮤니케이션을 하나의 미디어로 인정하고 이를 현장에 적용할 필요가 있다는 얘기일 것이다. 따라서 향후 컴퓨터 매개 커뮤니케이션을 활용한 영어교육에서도 컴퓨터 매개 커뮤니케이션의 근간을 이루는 인터넷과 같은 첨단 정보통신 기술을 교수-학습 과정에 통합시켜 교육적으로 의미 있는 학습 환경을 유도함으로써 궁극적으로는 학습자 주도의 자율적이고 개별화된 학습 환경을 구현할 필요가 있을 것이다. 또한 정보통신 기술의 올바른 영어교육현장 적용 방안에 대한 후속 연구와 이를 바탕으로 질적으로 우수한 컨텐츠를 개발 활용하는 등 정보문화의 교육적 이용 방안을 모색해 볼 수 있을 것이다.

참고 문헌

김성연. "3차원적 가상학습공간을 활용한 영어 의사소통능력 향상 방안 연구," *응용언어학* 제17-1호. 한국응용언어학회. 2001. 139~158.

김익현. 웹 2.0 시대의 온라인 미디어. 서울: KT문화재단. 2006.

김인석. "컴퓨터 보조언어학습(CALL)과 한국대학에서의 응용방안," *멀티미디어 언어교육의 이론과 실제.* 김인석 편. 서울: 박문각. 1999. 21~35.

김정렬. *21C 영어교육.* 서울: 홍릉과학출판사. 2000.

김진우. *언어와 의사소통: 수사학과 화용론의 만남.* 서울: 한신문화사. 1994.

박기순. *인간, 매체, 커뮤니케이션.* 서울: 커뮤니케이션북스. 2000.

차갑부. *열린사회의 평생교육.* 서울: 양서원. 1997.

최성희·전영국·정혜선. *통신망의 교육적 활용.* 서울: 학지사. 2000.

황적륜. "현대 영어교육의 전망," *현대 영어교육의 이해와 전망.* 황적륜 편. 서울: 서울대학교 출판부. 2000. 3~17.

Collins, Jude. "ICT in English: Views from Northern Ireland," In *English in the Digital Age: Information and Communications Technology and the Teaching of English,* Andrew Goodwyn., eds. New York: Cassell. 2000. 35~52.

Herrings, S. (Ed.). *Computer-mediated communication: Linguistic, social and cross-cultural perspectives.* John Benjamin Publishing Co. 1996.

Jones, Steven G. et al., *사이버사회 2.0: CMC가 만들어낸 새로운 세계상.* 김미경역. 서울: 커뮤니케이션북스. 2002.

Kamhi-stein, Lia D. "Looking to the Future of TESOL Teacher Education: Web-Based Bulletin Board Discussions in a Methods Course," In *TESOL Quarterly,* Carol A. Chapelle., eds. 2000. 423~455.

Krashen, S. *Principles and Practice in Second Language Acquisition.* Oxford: Pergamon. 1982.

Murray, Denise E. "Protean Communication: The Language of Computer- Mediated Communication," In *TESOL Quarterly,* Carol A. Chapelle., eds. 2000. 397~421.

Ruben, Brent D. *Communication and Human Behavior.* New Jersey: Prentice Hall, Inc. 1992.

Song, Kyong-Sook. Metaphor and Metonymy in Korean and English Computer- Mediated Communication. *Journal of the Applied Linguistics Association of Korea,* 17(1), 2001. 37~60.

Warschauer, Mark. "The Changing Global Economy and the Future of English Teaching," In *TESOL Quarterly,* Carol A. Chapelle., eds. 2000. 511~535.

인문과학연구총서 5

현대 사회의 종교, 문화

초판 1쇄 인쇄 2006년 12월 26일 **초판 1쇄 발행** 2006년 12월 30일
엮은이 명지대 인문과학연구소 **펴낸이** 박성복 **펴낸곳** 도서출판 월인
주소 142-879 서울특별시 강북구 수유2동 252-9
등록번호 제6-0364호 등록일 1998. 5. 4
대표전화 (02) 912-5000 팩스 (02) 900-5036
homepage http://www.worin.net
e-mail worinnet@hanmail.net

ISBN 978-89-8477-359-2 93810

값 9,000원